中学校社会科「探究的な学び」の授業デザイン

中野英水
Hidemi

明治図書

はじめに

「探究的な学び」が今、教育界で話題となっています。興味・関心をおもちの先生方も多いようで、本書をお読みいただいている先生も、その一人ではないでしょうか。本文にも書いていますが、探究的な学びが求められる背景として、時代の大きな変化があります。確かに、これからの予測困難な時代を生き抜いていくためには、豊富な知識だけではなく、それらを活用して探究する力を身につけておくことが必要です。故に、知識の習得だけではない探究のプロセスを経験しながら、その方法を体得する授業は重要でしょう。

探究的な学びの重要性を実感し、時間と労力を使って自ら学ぼうと努力されている本書の読者の先生方と同様に、私も探究的な学びの重要性を実感し、自ら実践しようとする現場教師の一人です。本書は私の思いや考えを基に綴ったもので、つたないところも多いかと思いますが、現場教師の視点から見えてきた内容なので、お読みいただいている先生方のお気持ちには寄り添えるのではないかと思います。本書が、日々努力されている先生方の一助になれば幸いです。

さて、第1章では、社会科における探究的な学びについて広い視点から論じました。そもそも探究的な学びとは何なのか、社会科においての探究的な学びとはどういうものなのか、探究的な学びはどのように発展できるのか、といったことに迫ります。

第1章を受け、第2章、第3章では、11のキーワードをあげて、具体的かつ実践的に論じました。このキーワードは、探究的な学びと密接な関係があり、探究的な学びの授業づくりにおける重要なポイントです。授業を構想する際、ぜひ意識してください。また、キーワードの中には、探究的な学びと並んで今の教育界で注目されているものもあるので、それぞれのキーワードについても論じました。

第3章に記したキーワードに基づく具体的な授業プランと、本書の全般に渡って掲載したオリジナルの図は、本書ならではの特色ではないかと思います。こちらを参考にしながら、本書の内容を具体的にイメージしていただければ幸いです。

末筆になりましたが、本書を刊行するにあたりまして明治図書出版の矢口郁雄氏には大変お世話になりました。ありがとうございました。

2024年7月

中野英水

もくじ

第3章 「探究的な学び」を位置づけた社会科授業プラン

第1章　社会科と「探究的な学び」

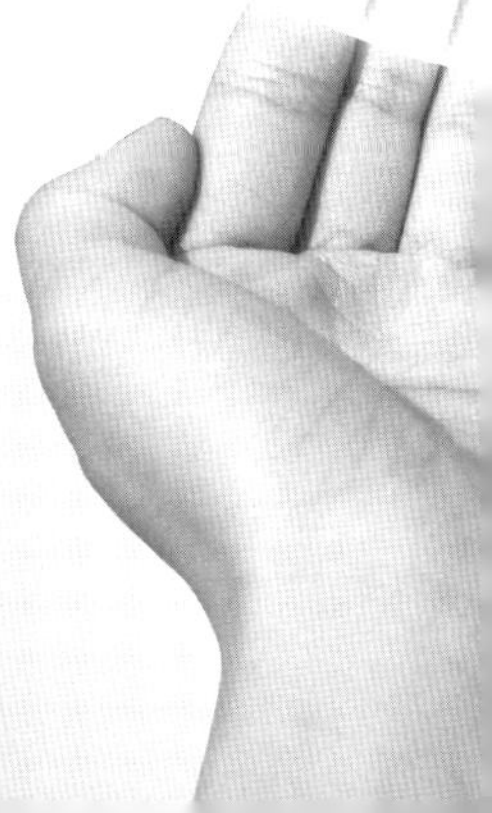

1　「探究的な学び」とは何か

教育の場で、「探究的な学び」という言葉をよく耳にするようになりました。探究的な学びは、総合的な学習の時間において極めて重要なものですが、総合的な学習に限ったものではありません。各教科の授業においても探究的な学びは、重要なものです。

探究的な学びがクローズアップされるようになった背景には、時代の変化が大きく関わっています。ひと昔前は、次の時代の予測もなんとなくはできていたと思います。１９６０年代であれば右肩上がりの経済成長が続き、１９７０年代であれば経済成長に陰りが見えて低成長が続く、といったように、変化があったとしても、ある程度の流れの中で変化していくもので、変化に合わせた対応を考える余裕がありました。

しかし、今は違います。コロナ禍や戦争の勃発、生成ＡＩの登場といったように、**予測困難な事態が突然起こり、社会が短期間で急激に変化する時代**になりました。まさに「ＶＵＣＡの時代」と言われる、先行きが不透明で、将来の予測が困難な時代に突入していきます。そして大事なことは、私たちが教えている生徒は、まさにこの予測困難な時代を生き抜いていかなければならないということです。

そこで、これまでとは違った学びが必要になるわけです。これまでの予測可能な時代であれば、先人が結集した知識を身につけ、先人がやってきたようにそれを活用すればよかったのですが、これからは違います。変化に耐え得る力を今から身につけ、それを自ら判断して活用しなければなりません。これからの時代、社会が求める力を、今学ぶ必要があるのです。そして、その力を育てるのが、探究的な学びだと考えます。

2　社会科における「探究的な学び」

これからの社会が求める力としては、変化と積極的に向き合う力、他者と協働して課題を解決する力、様々な情報を見極める力、知識を概念的に理解する力、情報を再構成する力、新たな価値につなげていく力、変化の中で目的を再構築する力などが考えられます。

これらの力を学校教育の中で育てていくのですが、社会科の授業ではどう育てていくのでしょうか。

私は、社会科の授業の中でこれまでも行われてきた、社会の現実や変化を捉える、課題解決を他者と議論する、社会の情報を精査する、個別の知識を共通化する、情報をつなげて考察する、新たな社会的価値を見いだす、新たな社会の方向を見いだす、といった学習活動がこれからの社会が求める力を育てることに通じると考えています。つまり、**こうした学習活動に取り組むことこそが、社会科における探究的な学び**なのではないかと考えています。

3　授業における2つのサイクル

「中学校学習指導要領解説　総合的な学習の時間編」では、問題解決的な活動が発展的に繰り返され

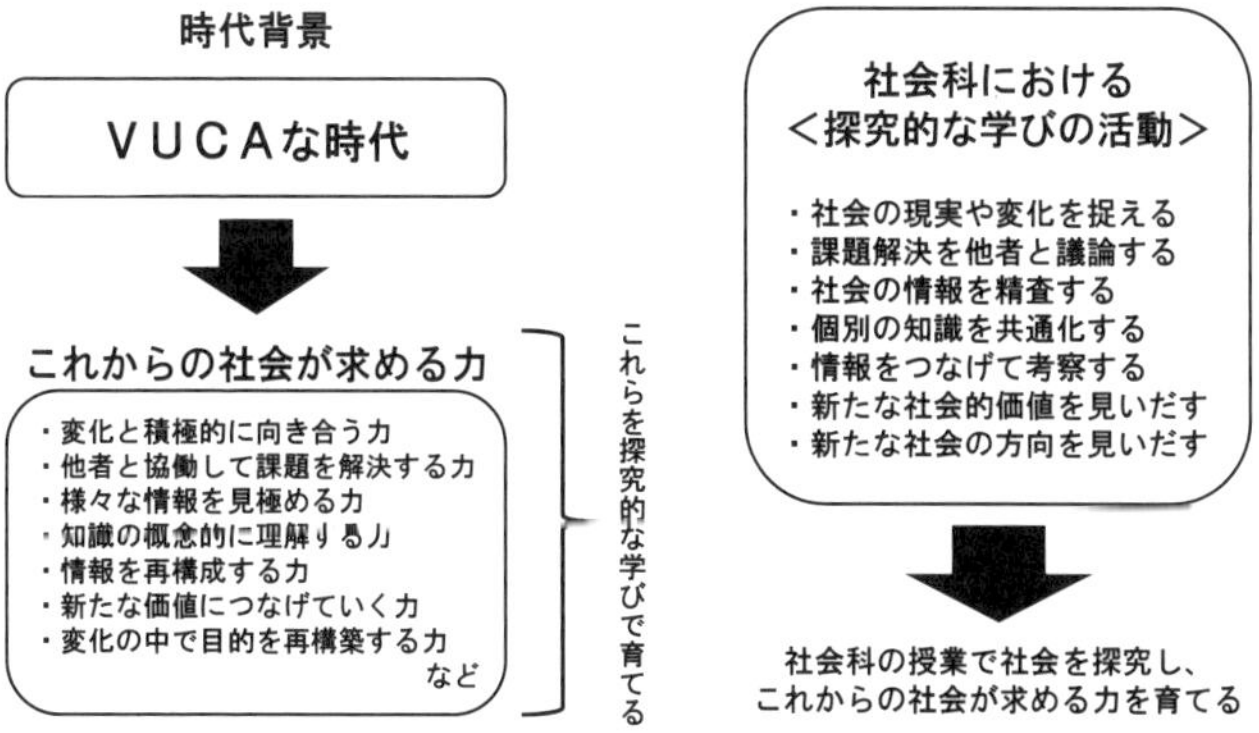
時代背景
ＶＵＣＡな時代
これからの社会が求める力
・変化と積極的に向き合う力
・他者と協働して課題を解決する力
・様々な情報を見極める力
・知識の概念的に理解する力
・情報を再構成する力
・新たな価値につなげていく力
・変化の中で目的を再構築する力
など
これらを探究的な学びで育てる
社会科における
＜探究的な学びの活動＞
・社会の現実や変化を捉える
・課題解決を他者と議論する
・社会の情報を精査する
・個別の知識を共通化する
・情報をつなげて考察する
・新たな社会的価値を見いだす
・新たな社会の方向を見いだす
社会科の授業で社会を探究し、
これからの社会が求める力を育てる

ていくことを探究的な学習といい、探究的な学習における生徒の学習の姿として一連の学習過程が示されました（下図右参照）。これは、総合的な学習の時間を想定したものですが、社会科の授業にもそのまま転用できます。日常生活や社会に目を向け生徒自ら課題を設定し、情報の収集や整理・分析を行い、成果をまとめて表現する学習活動は、社会科における探究的な学びそのものでしょう。社会科の授業内容に合わせてアレンジを加えながら、社会科としての探究過程を繰り返すことをおすすめします。

　また、学校教育法第三十条二項に規定された習得―活用―態度化の流れを繰り返すことも重要だと考えます。社会科は内容教科ですから、社会的事象に関する知識や資料を見る目といった技能の習得は重要です。しかし、知識や技能の習得にとどまり、そ

授業における２つのサイクル

＜学校教育法第30条②より＞

基礎的な知識及び技能を習得
↓
これらを活用して課題を解決するために必要な思考・判断力、表現力その他の能力をはぐくみ
↓
主体的に学習に取り組む態度を養う

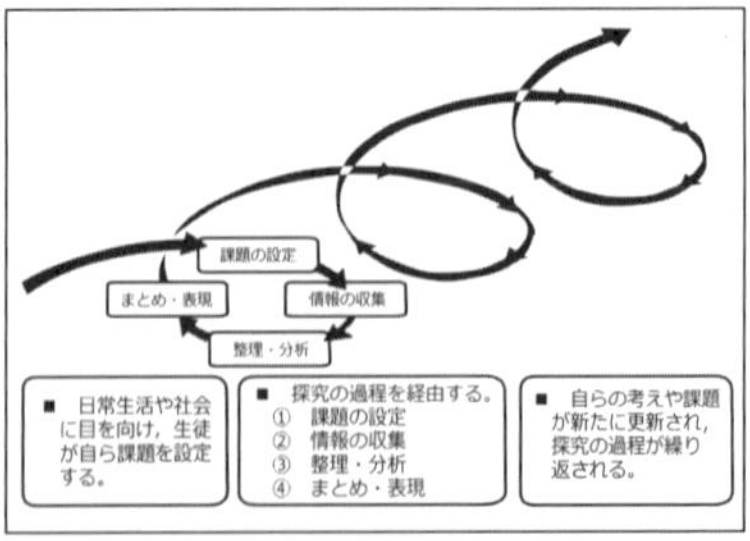

この２つのサイクルが重層的におこなわれることで、探究的な学びが一層深まる

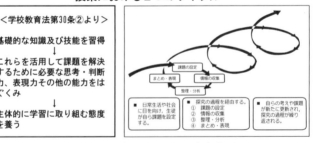

の量を学力としてはいけません。知識と技能を活用して深い思考につなげてこそ、学びも深まります。これこそが探究的な学びだと思います。深い思考をするための知識や技能を身につける。そして、深い思考を整理して表現につなげる。そして、持続可能な社会の担い手として必要な表現力や行動力は態度化があってこそ養われます。

この2つのサイクルを社会科の授業の中で重層的に繰り返すことで、探究的な学びが一層深まります。授業設計、単元設計、そして年間指導計画や3年間の社会科学習の計画の中でぜひ意識してみてください。

4 「探究的な学び」と発展

探究的な学びは、社会科の授業のみで完結するわけではありません。他教科との関連や総合的な学習の時間の授業での統合があってこそ、深まりが望めます。社会科だけにとどまることなく、教員間のネットワークを広げて、探究的な学びの大きなフィールドを構築してください。

社会科の授業を発展させるうえで、他教科の学びとつなげることはとても有効です。教科横断には、教科の特性によって様々なつながり方がありますが、内容教科である社会科は、他教科の学びを生かしやすいと言えます。教科横断は、1＋1＝2ではなく、答えが3にも4にもなるような効果があります。社会科の授業を軸にして、そこに他教科の学びを加えていくという発想で、社会科における探究的な学びを深める手立てとしてください。

総合的な学習の時間も社会科がリードしていくとスムーズに進むと思います。**教科横断をさらに発展させ、様々な授業や授業以外の学びも統合して深めます**。総合的な学習の時間は、評価や学習過程の点で自由度が高いので、教科の授業ではなかなかできなかったことも実現できます。また、総合的な学習の時間の成果を社会科の学習に生かすといったフィードバックも有効です。

各教科での探究が教科横断で深まり、総合的な学習の時間で統合する

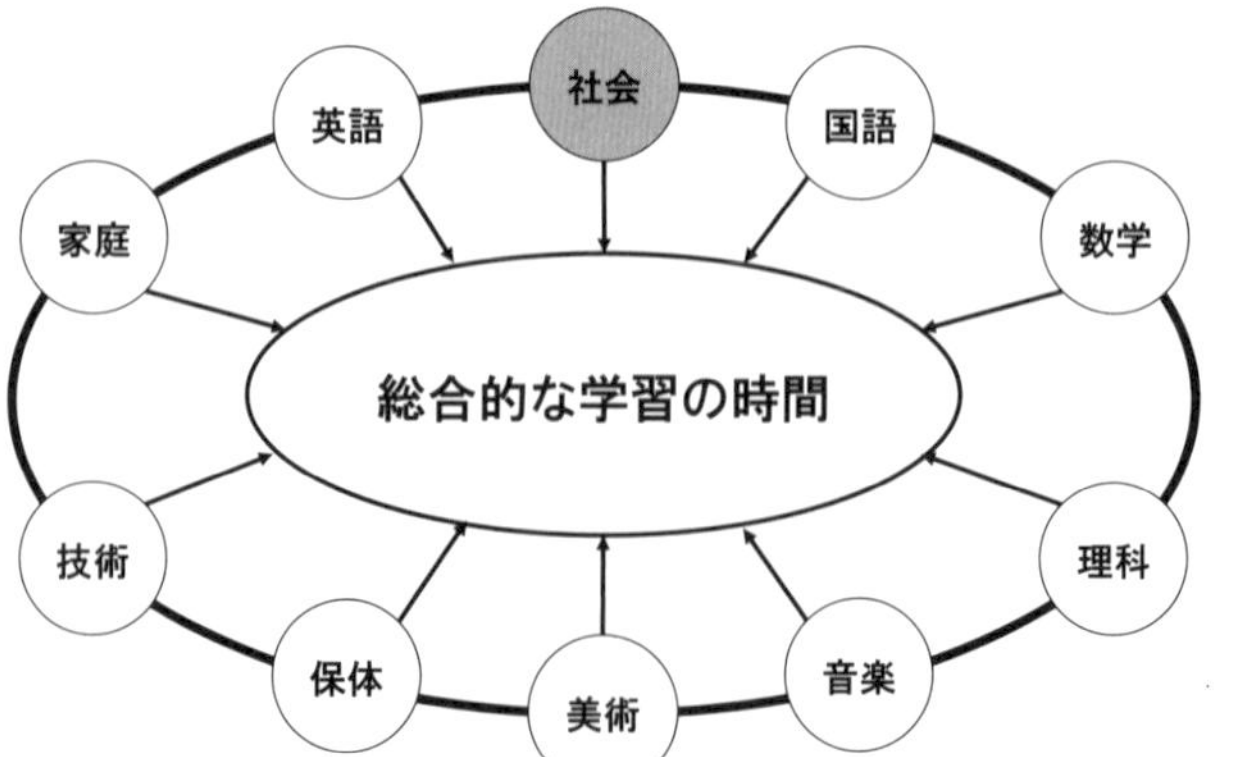

第2章

キーワードで見る、社会科の「探究的な学び」

0　社会科の本質

1　何のために社会科を勉強するのか

「何のために社会を勉強するの？」

この質問を生徒に投げかけられて、はっとしたことはありませんか。

この質問をしてくる生徒は、たいてい社会科が得意ではない生徒です。その生徒に対してあなたは、どのように答えますか。

実は、私もこの質問を受け、答えに悩んだ1人です。この質問こそ、社会科の本質に迫る質問ではないでしょうか。「何のために社会科を学ぶのか」。裏を返せば、「何のために社会科を教えるのか」ということは、いわば社会科教師にとっての命題で、常に問い続けなければならないことかもしれません。私は、今もなおこの命題に正対しています。

私は約30年、社会科の教師をしています。その中で、これが正解というわけではありませんが、１つの答えにたどり着きました。それは、**「社会科とは、人々の営みを追究する教科である」**ということです。先ほどの質問に対する答えの形にするならば、「人々の営みを追究するために社会科を学ぶのである」となります。社会とは、人が織りなす空間です。それも複数の人が集まってこそ成立する空間です。人が複数いれば、そこに様々な関係が発生します。対立や合意が起こります。生活する地域の自然環境や社会環境に影響を受けながら努力と工夫を重ね、今日に生き、そしてこれからも生き続けます。この人々の営みに目を向け、人々のこれからを考える教科こそが、社会科なのではないでしょうか。

2 中学校社会科の三分野

社会科が人々の営みを追究する教科だとすれば、人々の営みを捉える際に、どんな視点から捉えればよいのでしょうか。人々の営みを捉える際に効率よく捉えられる視点が**「時間」「空間」「現在及び未**

AやBには、どのような言葉が入る？

（　　A　　）の学習とは、（B）に着目し、（B）の特色や（B）のよさ、（B）の課題を明らかにしながら、そこにいる<u>人々の営みや努力・工夫を追究する</u>ものである。

A	B
地理的分野	地域
歴史的分野	時代
公民的分野	社会の仕組み

来」という3つの視点です。

人は時間と空間の中で生きてきました。時間と空間は常に関係しています。人々が営んできた場所には年月があり、人々が営んできた年月には場所があるのです。だからこそ、地理と歴史の学習は同時に行い、密接な関係をもたせるのです。

これはこれまでの姿で、この上に現在の営みがあります。だからこそ、公民の学習は地理と歴史の学習を平行して行った後に行います。現在の営みを見てきたならば、おのずと未来が見えてきます。公民の学習で未来の営みを考えることは必須です。

中学校社会科の三分野はこうして成立しており、これはとても理に適ったものです。現行学習指導要領から高校の地理歴史科、公民科の科目も三分野制を基に再編され、社会科の中高接続がより容易になりました。

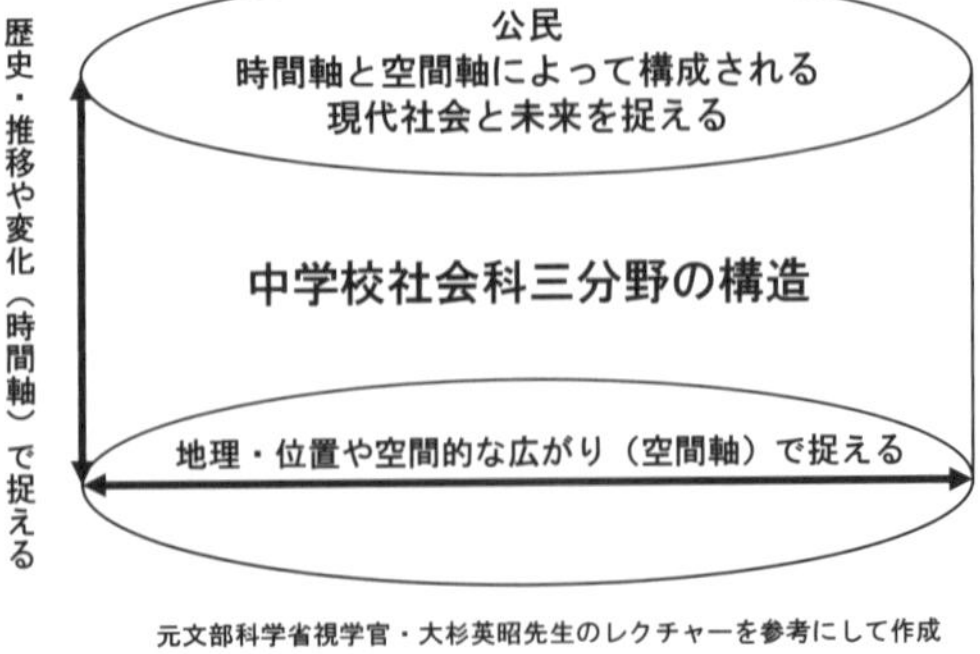

元文部科学省視学官・大杉英昭先生のレクチャーを参考にして作成

1 カリキュラムデザイン

1 中学校社会科の基本的な構造

小学校3年から始まる社会科は1つの教科ですが、中学校社会科は地理、歴史、公民の三分野から成り立つ教科です。各分野の専門性を重視してこのような構造をしているのでしょうが、それぞれの専門性を意識するあまり、各分野が独立する傾向があります。

それでは、社会科という教科は何なのでしょうか。中学校社会科で見ていくと、本来、社会科とは、地理、歴史、公民それぞれの分野をまとめたものではなく、**あくまでも教科は社会科であり、地理、歴史、公民は、社会科のそれぞれの要素**なのです。地理的

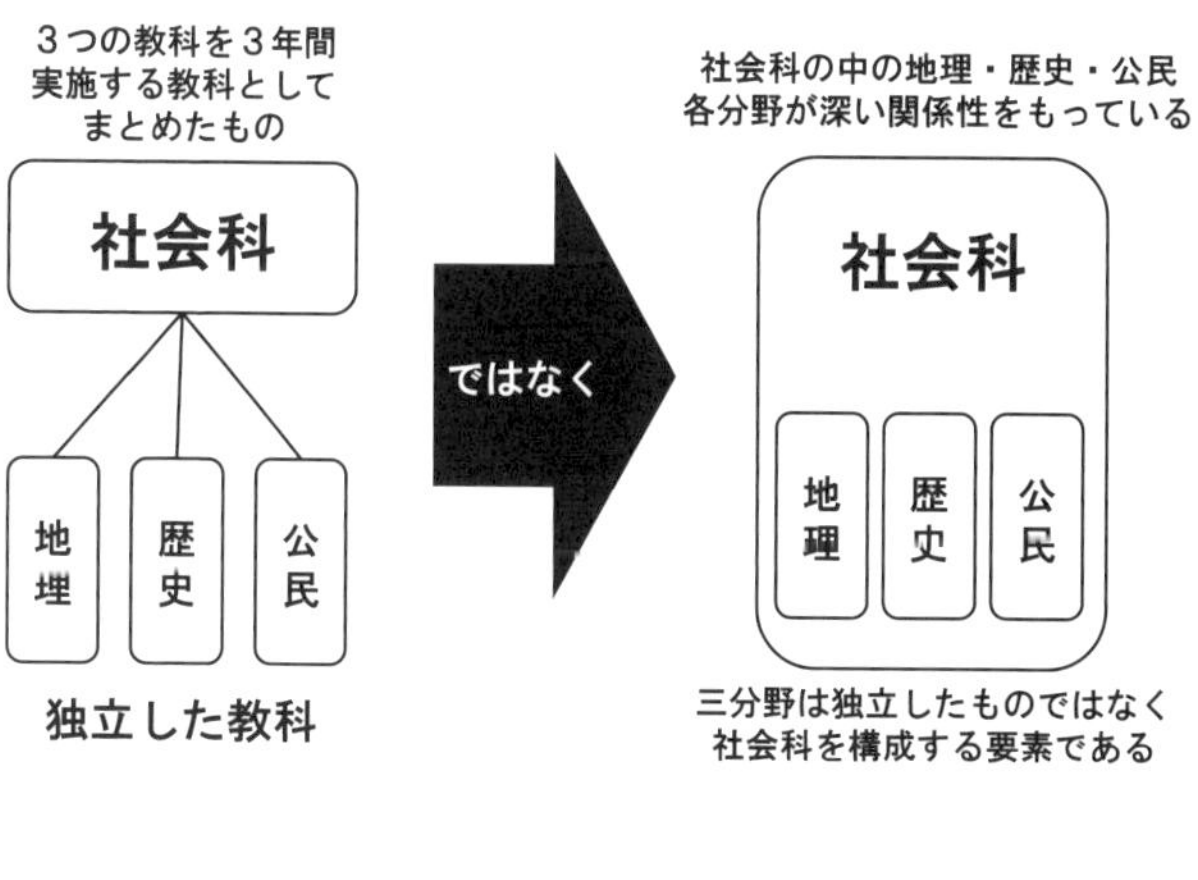
3つの教科を3年間
実施する教科として
まとめたもの
社会科
地理
歴史
公民
独立した教科
ではなく
社会科の中の地理・歴史・公民
各分野が深い関係性をもっている
社会科
地理
歴史
公民
三分野は独立したものではなく
社会科を構成する要素である

分野では、「位置や空間」などに着目して社会を考察し、歴史的分野では、「推移や変化」などに着目して社会を考察する。そして公民的分野では、地理的分野や歴史的分野の成果を生かしながら現代社会の枠組みに着目して現代社会を捉え、将来について考察、構想するという、中学校社会科三分野の基本的な構造があります。ですから、三分野は非常に密接な関係をもっています。

授業づくりにおいては、この点を意識することがとても重要です。年間指導計画を作成する際には必ず意識して、三分野それぞれの関係性を生かした年間指導計画を作成します。年間指導計画を作成する段階で、いろいろなしかけをつくっておかないと、いざ授業をつくろうとする際にはすでに手遅れになっています。

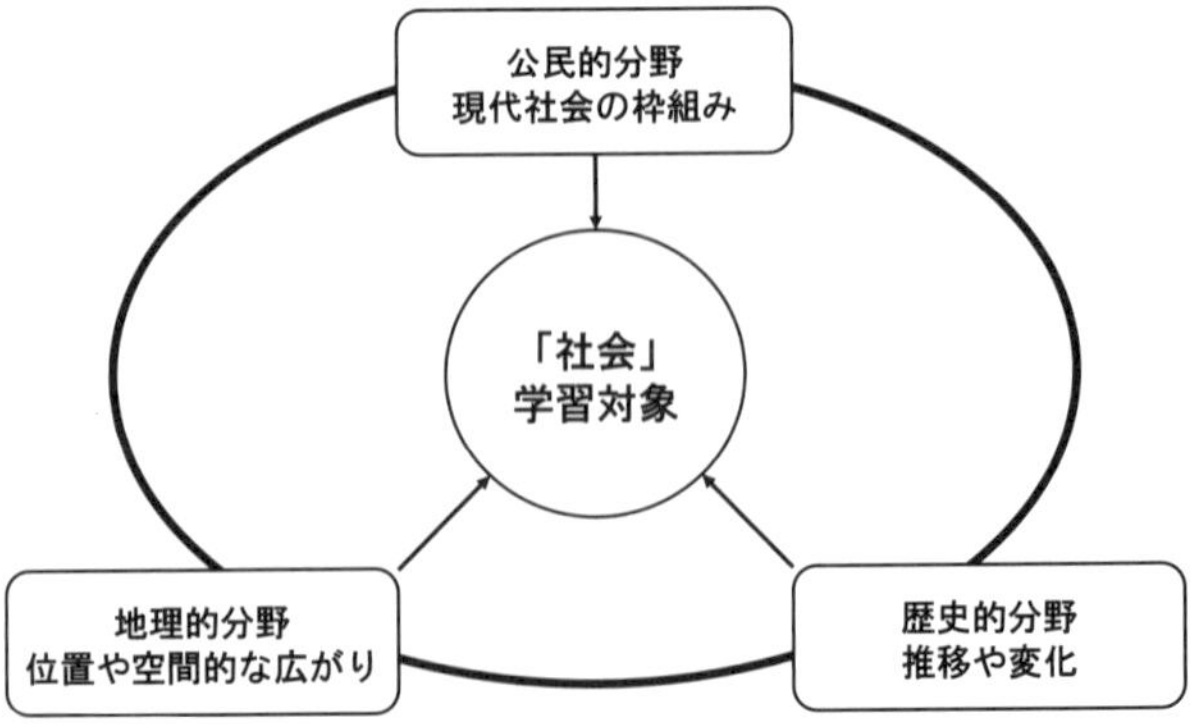

２　社会科学習の系統性を重視した授業

地理、歴史を並行して学習した後に公民学習に入るという履修形態は、中学校社会科の基本的な構造を考えると理に適ったものです。単元ごとや１単位時間ごとに関連する分野をつなげられればよいのですが、それでは効率が悪いので、関連性と効率性のバランスを取ったのが、現行の履修形態なのです。

授業づくりの際は、ぜひこの関係性と効率性を意識し、各分野の学びを生かしたいものです。**特に公民的分野の授業づくりでは、地理学習、歴史学習の成果を活用します。**これは、学習指導要領の「第３　指導計画の作成と内容の取扱い」の１（２）にも明記されています。小学校社会科の学びを生かした地歴学習の上に公民学習を展開することで、視野の広い社会科学習を実現しましょう。

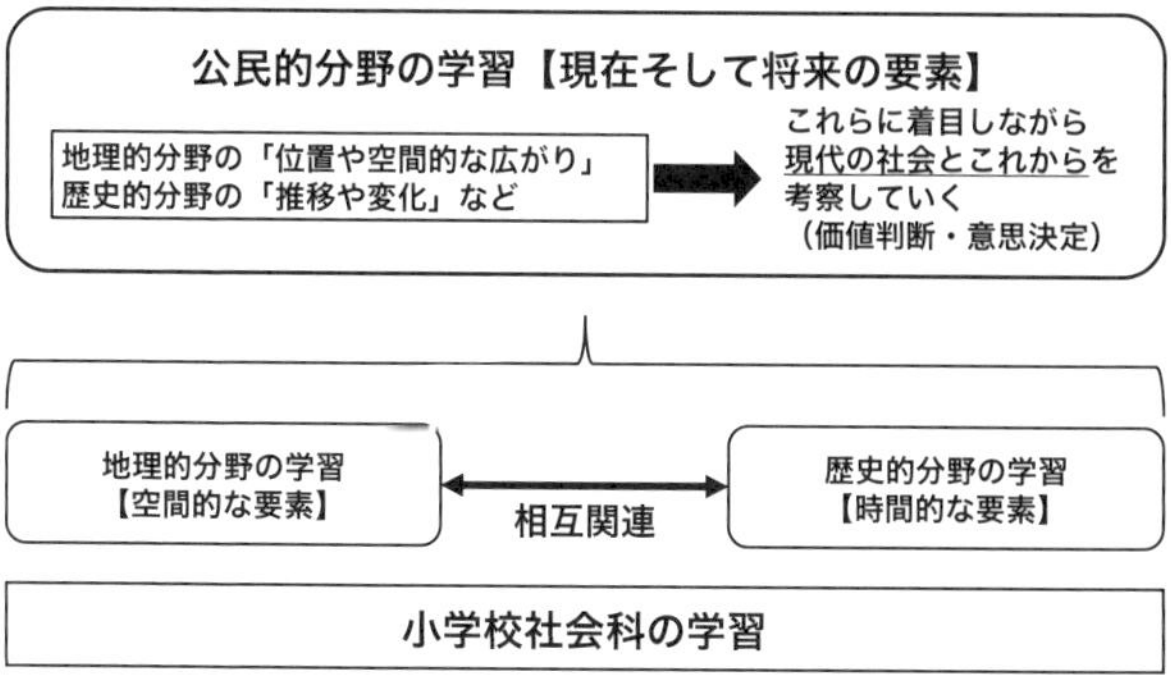

2 教材選び

1 教科書の活用

社会科は内容教科なので、様々な事象を授業で扱います。その授業において、資料は欠かせません。ですから、教材研究と言えば、まずは資料の収集から始まります。ベテランの先生ならば、これまでの経験の中で収集した膨大な資料のストックがあり、さほど困らないかもしれませんが、若手の先生方にとって資料の収集は労力のいる仕事だと思います。

そこで改めて見直してほしいのが教科書です。教科書の活用というと、つい本文の記述のみに意識がいきがちですが、本文の周囲には、その項目に関連するすばらしい資料が並べられています。この教科書に掲載

教科書における資料の主な配置：流れに沿って資料を活用する

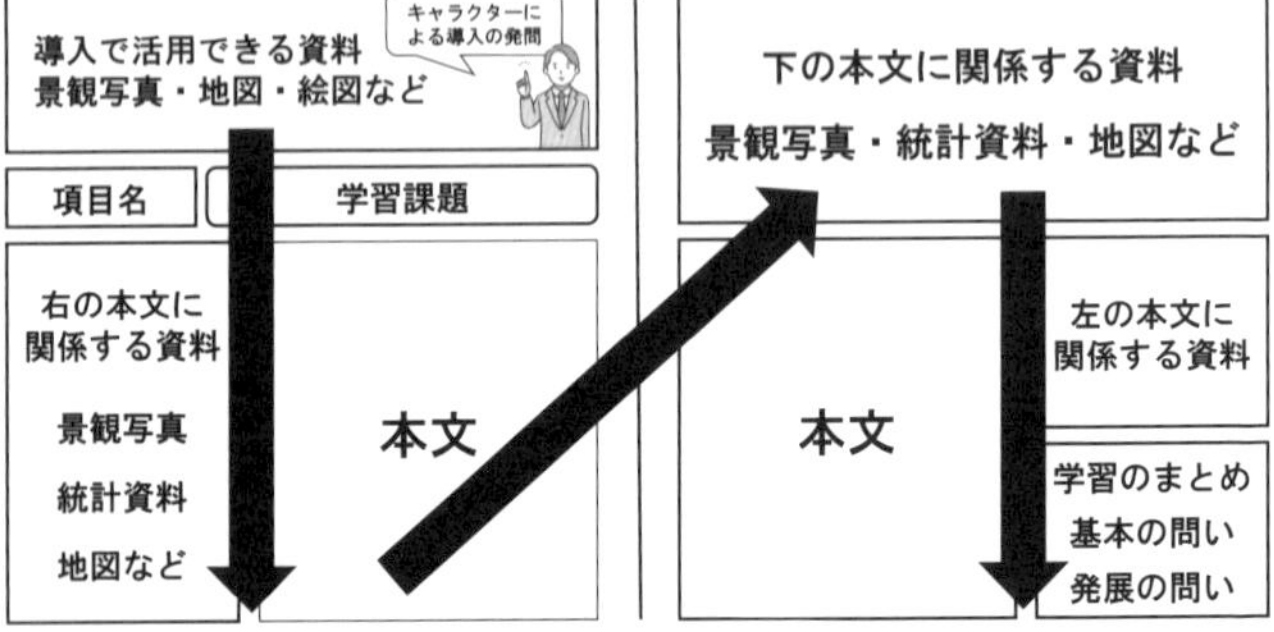

されている資料を上手に活用するのです。教科書に掲載されている資料は、度重なる改訂の中で常に吟味し、改良を加えてきた各教科書会社の財産です。地理の教科書で言えば、扱う項目に即して撮影された景観写真、本文の記述を裏づけたり考察させたりする統計資料、分布の特色がひと目でわかる地図など、**授業に必要な基本的な資料はすでにそろえられています。**この資料の意味と活用法を理解して授業を組み立てれば、的を射た授業ができ上がります。お手元にある教科書の資料を改めてよく見てください。

2 景観写真の活用

教科書には様々な写真が掲載されています。特に地理の教科書に掲載されている景観写真ですが、どのように活用されているでしょうか。活用法に困っている先生が案外多いのではないかと思います。

中国・四国地方の農業を扱う授業を例にしてみましょう。ここでは主にかんきつ類の生産と促成栽培を扱います。教科書には、海辺の傾斜地に段々畑がつくられ、そこにみかんがたくさん実っている写真や、スーパーの果物売り場でいろいろなみかんが並んでいる写真などが掲載されています。これらの写真を授業でどのように扱うかです。

景観写真には文字による説明はありませんが、たくさんの情報が詰まっています。それを生徒に読み取らせ、読み取ったことを関連づけながら社会の実態を捉えさせるのです。前述した海辺の景観写真からは、みかんがどのように生産されているかが読み取れます。「海辺の傾斜地は、日当たりと水はけがいいので果樹栽培に適している」「斜面が多いので稲作には適さない」「斜面での農作業は大変だ」など、文字にしたら膨大な情報が得られ、またそれらを関連づけることによって実に様々なことが考察できるのです。景観写真は、ただの風景写真ではありません。**授業で必要な情報が読み取れるように意図して撮影された、つくられた教材**なのです。授業者がその意味を理解したうえで、適切なタイミングで生徒に提示し、適切な問いを生徒に与えれば、すばらしい教育効果を発揮する資料です。

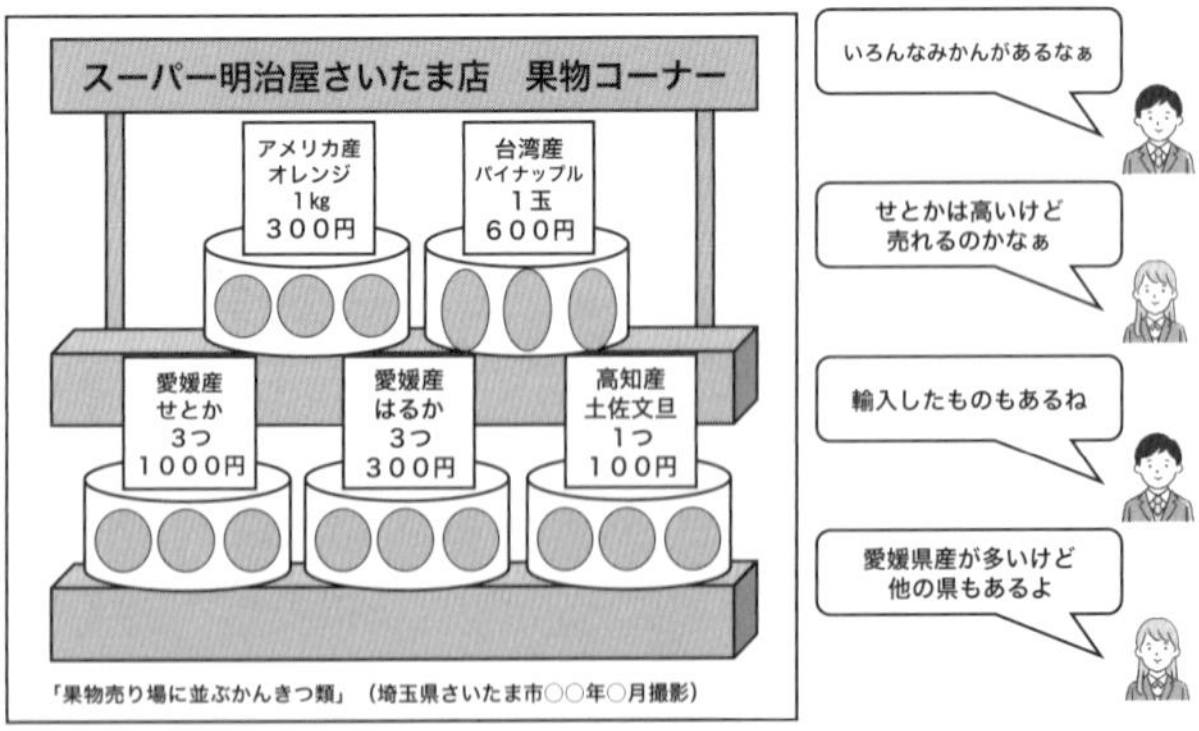

「果物売り場に並ぶかんきつ類」（埼玉県さいたま市○○年○月撮影）

３　デジタル教材の活用

ＧＩＧＡスクール構想によって一人一台端末が導入されてから資料の活用も大きく変化しました。資料を一人ひとりの端末に配信し、生徒一人ひとりが自分の視点で観察したり、生徒自身が必要と思う資料を自分で探して活用したりと、これまでは難しかった資料活用の方法が手軽にできるようになりました。

その１つが地形図です。これまでは、教育委員会が作成した区市町村の地形図などを使って読図の指導をしていました。諸地域学習に活用しようという場合は、教師が購入して生徒に配付して活用したりしていました。今は国土地理院の地理院地図にアクセスすれば、いつでも任意の地域の地形図が活用できます。また、デジタルならではの機能も学習活動の幅を広げてくれます。地域の新旧比較や空中写真との比較、過去と現在の比較や時代ごとの移り変わりなど、様々なことが可能です。

しかし、便利だからこそのデメリットもあります。例えば、地理院地図は縮尺を自由に変えられますが（範囲の拡大縮小が自由）、縮尺の概念が捉えにくいということがあります。こうした**デジタルならではデメリットを理解したうえで、そのことに配慮した指導が必要**です。

3　発問（問い）

1　発問の役割

授業において、発問（問い）は指導を構成する柱です。

発問とその応答は教師と生徒とのキャッチボールであり、このやりとり次第で授業の良し悪しが決まります。このやりとりそのものが授業といってもよいかもしれません。

また、教師は発問によって生徒を主体的な学びの世界へと導いていきます。「○○年に、○○が起こりました」「○○では、○○が多く生産されています」といった教師の説明だけでは、生徒は黙ってうなずき、教師の言葉を知識として記憶していくだけにとどまります。しかし、疑問形であれば、生徒は各々に思考を巡らせます。生徒の思考に対し、教師はまた疑問形で返す。教師と生徒とのキャッチボールが続きます。

授業でははっきりと言い切ることも大切ですが、発問（問い）によって生徒の思考を促す指導が、これからの教育では特に重要ではないでしょうか。

さて、授業における発問の役割を私なりに分析すると、次の３つになります。

①生徒の思考の発端（生徒に考える気持ちをもたせる）……「起こす」
②生徒の思考の方向（生徒に何を考えさせるのか）…………「考える」
③生徒の思考の順序（考えをどのように深めさせるのか）…「深める」

この３種類の問いが、１単位時間の授業内で構造的かつ計画的に配置されることによって生徒の思考が深まり、探究的な授業が形成されていくのです。

①は、単元や単位時間の授業の冒頭での問いです。本時のテーマに沿った何気ない問いで、生徒の好奇心をくすぐります。「えっ！」とか「ほんとに？」という声を誘います。

②は、本題に迫るための問いです。単元を貫く問いに関連しながら、本時の学習課題となるようなものを大きく示し、生徒の学びの方向性を確立します。

そして③は、本時の学習課題や単元を貫く問いに迫るためのしかけとなるような小さな問いとその配置です。いきなり主となる問いを生徒にぶつけるのではなく、スモールステップの考え方で徐々に本題へと迫っていくストーリーをしかけます。

2　発問の言葉とその選択

発問をつくるうえで重要なことはいろいろありますが、言葉の選択は特に重要であるものの、これが案外うまくできません。安易な問いは生徒を混乱させ、生徒の思考を思わぬ方向へと迷走させてしまいます。

発問の意図は、生徒に正しく伝わらないといけません。**曖昧な言葉、教師用の言葉を避け、意図が生徒へと明確に伝わる言葉を選んで構成すべき**です。

さらに注意したいのは、**国語的な語順や文法**です。例えば「〇〇地方の農業は、他地域との競争の中でどのような工夫をしたのか」という発問であれば、問うていることは「どのような工夫をしたのか」であり、それを「〇〇地方」「農業」「他地域との競争」といった言葉を適切な語順で追加することで具体的にしています。また、「〇〇地方の農業は」が主語であり、それが「どのような工夫をしたのか」と問われていることで明快に理解できますから、正しく思考を深めることができるのです。

このように、発問は、言葉による教師と生徒とのコミュニケーションの要であると言えます。

4 学習評価

1 学習評価の本質

読者の先生方は、学習評価をどのように捉えていますか。

「学習評価とは成績（評定）を導くためのものであり、そのための評価材料の収集と分析」と捉えていないでしょうか。確かに、成績は生徒の学習状況を表すものです。しかし、それだけでよいのでしょうか。

国立教育政策研究所の「学習評価の在り方ハンドブック」（小・中学校編）には、以下のように書かれています。

> 児童生徒にどういった力が身に付いたのかという学習の成果を端的に捉え、教師が指導の改善を図るとともに、児童生徒自身が自らの学習を振り返って次の学習に向かうことができるようにするためのもの

この「学習の成果を端的に捉え、教師が指導の改善を図るとともに、児童生徒自身が自らの学習を振り返って次の学習に向かうことができるようにする」ことが重要です。

つまり、学習評価とは**生徒の学習成果を見取って、指導や学習の改善すること**なのです。評定は、この過程で見えてきた生徒の学習状況をわかりやすく数値化したものであり、いわば「中間生成物」と言ってもよいでしょう。

これらのことから、学習評価の本質は、評定ではないことがわかります。

2 目標―指導―評価の一体化が大切なのは

学習評価の本質を指導や学習の改善と考えると、目標―指導―評価の一体化がとても捉えやすくなります。目標を定めて授業を行い、その結果を分析して次の改善につなげることが目標―指導―評価の一体化ですから、学習評価は、

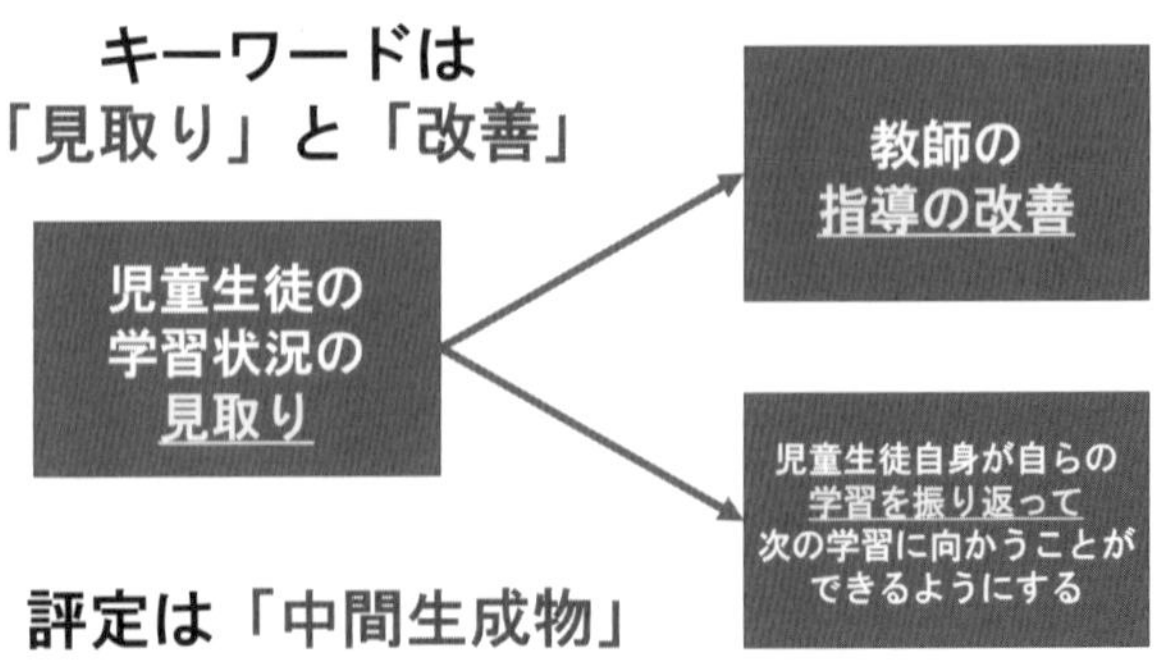

改善のためにあるということは明白なのです。

このように考えていくと、学習評価とは目標が達成できたかどうかを検証し、その検証結果を次につなげるということになりますから、**評価は目標の裏返し**ということもできます。したがって、学習評価を行うにあたって、目標の設定は特に重要です。目標がしっかりと定まっていないと、学習評価も定まってこないのです。

学習評価とは、定めた目標が達成されたかをしっかり見取って、その結果を改善に生かすということですから、学習評価は、授業の質を高め、生徒の学びを高める指導の一環なのです。見取りと改善を大切にしながら学習評価を上手に行い、生徒の学びをよりよいものに導いていきたいものです。

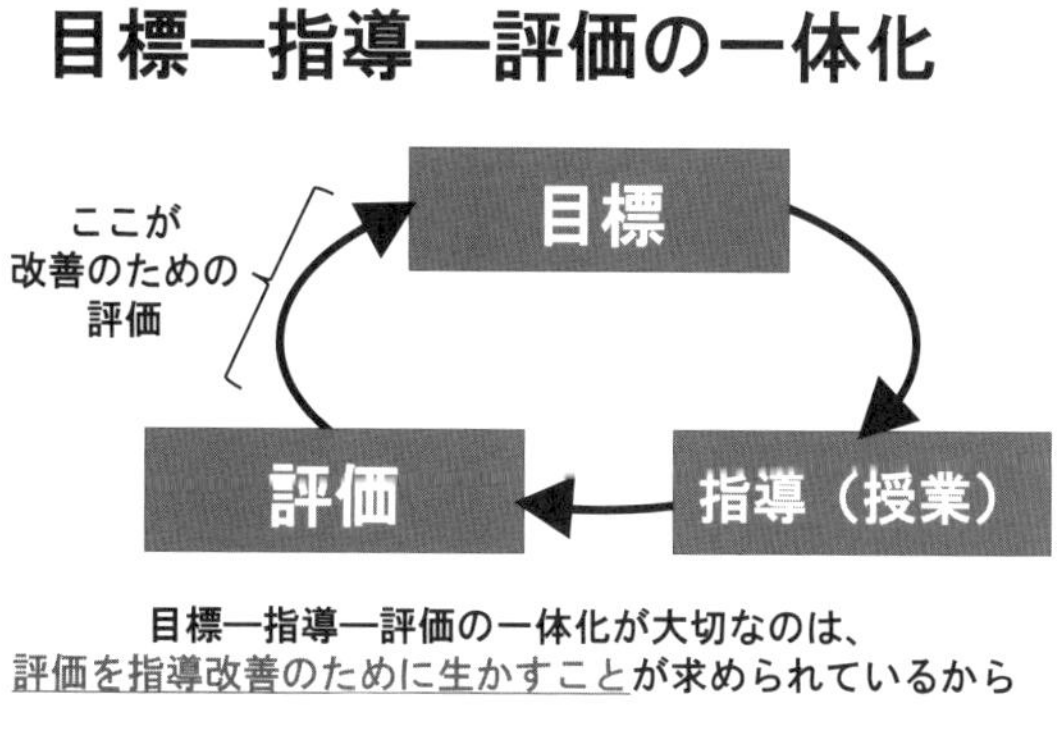
目標―指導―評価の一体化
目標
指導（授業）
評価
ここが
改善のための
評価
目標―指導―評価の一体化が大切なのは、
評価を指導改善のために生かすことが求められているから

5　ＩＣＴ活用

1　教具としてのICT機器

かつて社会科の授業は、「チョーク＆トーク」と呼ばれる、板書と説明による教授型の授業が主流でした。私自身が受けてきた昭和の時代の授業も、そのようなものでした。しかし、パネル写真やレプリカ教材、それに掛け地図といった様々な教具も使用されていました。社会的事象を扱う内容教科ですから、教具の工夫は、社会科にとっての生命線です。

平成の時代に入ると、教室に電子黒板やパソコンが入り始めました。パソコンの使用によって、これまでは夢の話だったことが簡単にできるようになり、授業の質やスタイルが大きく変化しました。そして

＜教具の進化＞何ができるようになったのか

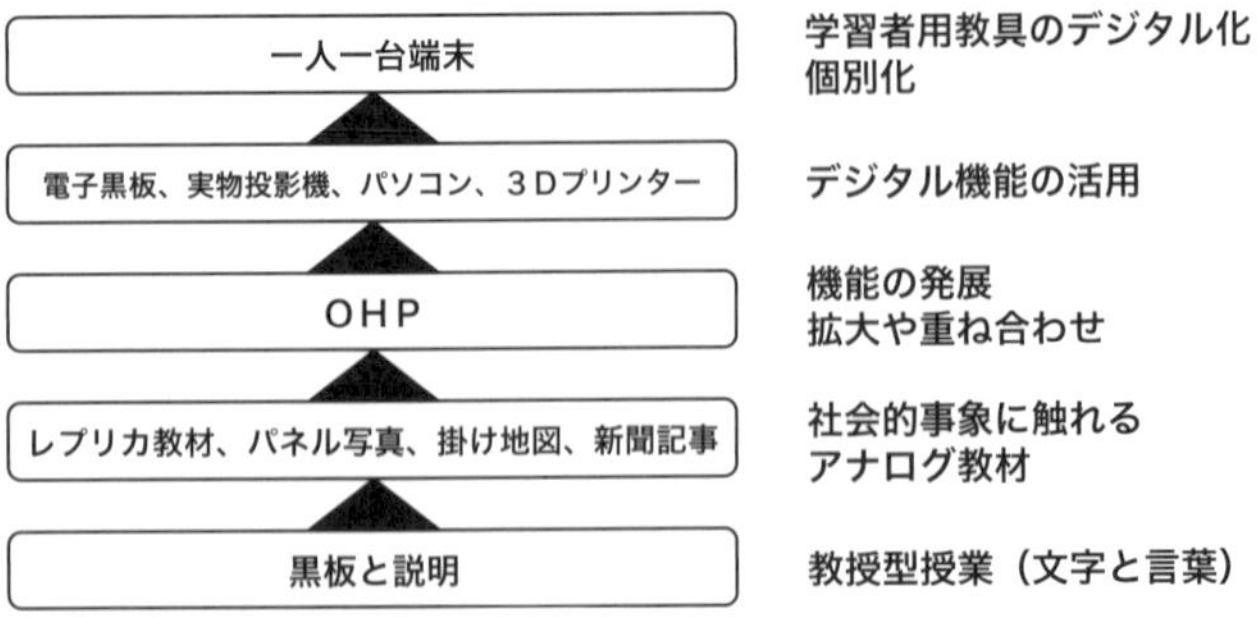

令和の時代、コロナ禍でも学びを止めないという合い言葉のもと、ＧＩＧＡスクール構想が推し進められ、一人一台端末の活用が始まりました。

このように、一人一台端末を含めたＩＣＴ機器は、**授業の質を向上させるための道具として捉えることが重要**です。例えば、江戸時代の農機具に竜骨車がありますが、これを生徒に理解させようとします。しかし、いくら言葉で説明してもイメージをもって理解することは難しいでしょう。そこでパネル写真を見せて説明すれば、少しは理解が進むでしょうが、まだまだです。そこで動画でその動きや使われ方を見せれば、一目瞭然となるわけです。さらに一人一台端末で、自身の理解度に合わせて何度も見直したり、関心をもったところで静止し、拡大したりできれば、なお理解は進みます。

このように、先輩の社会科の先生方が授業をよくしようと教具を改良してきた流れの中で、一人一台端末を含めたＩＣＴ機器の活用を考えることが大切です。教具の進歩はできなかったことをできるようにしてくれます。**授業者は、何ができるようになったのかをしっかりと捉え、できるようになったことを意識して授業を変えていかなければなりません。**例えば、一人一台端末を提示機として使用するのはもったいない使い方で、一人一台のよさに着目して個別に使わなければ、その価値が生きてきません。

2　社会科の授業での活用

社会科の授業でＩＣＴ機器をどのように使っているでしょうか。資料を見せたり動画を見せたりといった提示機としての利用はとても効果的で、社会的事象を生徒に捉えさせるには大変有効です。しかし、それにとどまっているのではもったいないので、ＩＣＴ機器のいろいろな機能をぜひ活用しましょう。

では、実際どのような使い方があるのでしょうか。そのことを考えるとき、ご自身の普段の授業をよく思い出してください。授業の中では、資料を見る以外にも、実に様々な学習活動を行っています。その学習活動を効果的・効率的に進めるための使用を考えてみてはどうでしょうか。

例えば、社会科の授業では、生徒の意見や考えを聞くという場面がたくさんあります。これまでの授業では、生徒に自由に発言させたものを授業者が黒板に書きながら整理していったり、ワークシートに書かせたものを教師が整理して発表したりというような方法でした。この方法では、生徒の意見を聞いて集約するということはできるものの、多くの生徒の意見を集めて整理するのは難しかったり、整理するまでに時間や手間がかかったりと、スマートに授業を進めるのは難しいところがありました。

　しかし、一人一台端末でGoogleフォームが使えるとしたらどうでしょう。選択肢のあるものであれば、生徒は一瞬で入力を完了できます。その回答は即座に集約されグラフとともに示されます。意見を述べさせるのであれば、スプレッドシートにリンクさせておけば、比較もすぐにできて、内容ごとにソートして整理することも簡単にできます。

　このように、授業内の活動に合わせた活用法を見いだしていくと、ＩＣＴ機器の機能が生かせます。**まずは社会科としての授業を完成させ、そのうえでより効果的・効率的に授業を進めるためにＩＣＴ機器の機能を生かすという流れで活用を考えていく**のです。

＜学習活動に即したＩＣＴ機器の活用＞

社会科の授業での学習活動	ＩＣＴ機器の活用例
資料を見る	写真や動画を提示する
生徒の意見を聞く、集約する	Googleフォームでアンケートをとる スプレッドシートにリンクして意見を比較する
意見交換を行う、様々な意見を整理する	デジタルホワイトボードで意見を収集する カテゴリーで分類する
学習の成果をまとめる、発表する	調べたことをスライドにまとめて発表する デジタルサイネージで公開する
地図を見る、地図に落とし込む	地理院地図を活用する デジタル白地図に情報を集めていく
授業時間以外の時間を学習に活用する	Google Classroomで配信したり回収したりする オンラインでつながりながら協働学習を進める
個別の学習を進める	一人一台端末を活用し、自分で考えたストーリーで学習を進める

6　思考ツール

1　思考ツールを上手に活用する

今、思考ツールに大きな関心が寄せられており、読者の先生方も何らかの形で活用されているかもしれません。思考ツールは、学習課題に即して生徒の思考を促進し、深めていくための道具です。上手に活用すれば、大きな教育効果のある手段です。そして、何より手軽に活用でき、費用もかからないところが魅力です。しかし、それゆえに、安易な使い方をして効果を発揮できていない事例や、思考ツールを活用すること自体が目的化した授業になってしまっている事例も残念ながらあるようです。

思考ツールには様々なものがあり、それぞれ目的

代表的な思考ツール

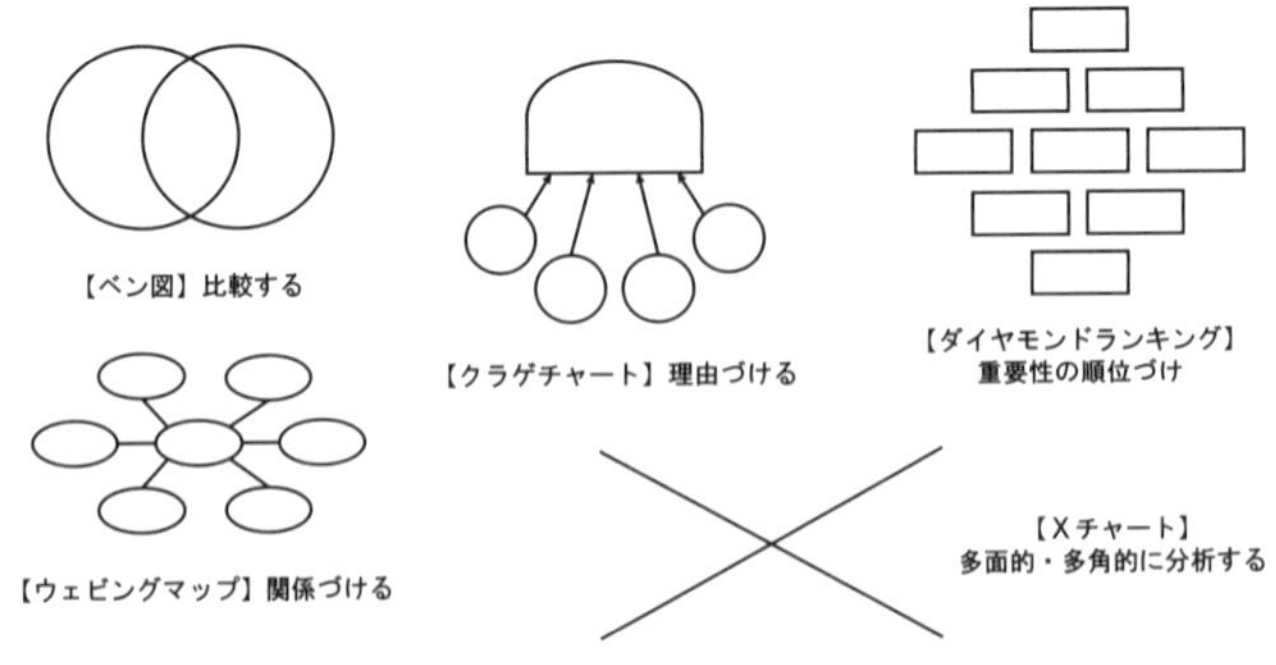

や活用法が違います。「これは使えそうだ！」と思ったらすぐに飛びつくのではなく、それぞれの目的や活用法をきちんと確認し、適切に活用したいものです。また、思考ツールを使うこと自体が授業の目的ではありません。**本時の目標を効果的に実現するための道具として最適であると判断した場合に活用しましょう。**

2　思考ツールの効果

思考ツールは、上手に活用すれば大きな教育効果のある手段であると述べました。そのことを簡単な事例で感じていただきたいと思います。歴史的分野の中世の日本の学習で、「単元の学習の成果を生かして鎌倉時代と室町時代を比べよう」という学習課題を設定し、その特色を整理するという授業があっ

学習課題「鎌倉時代と室町時代を比べよう！」

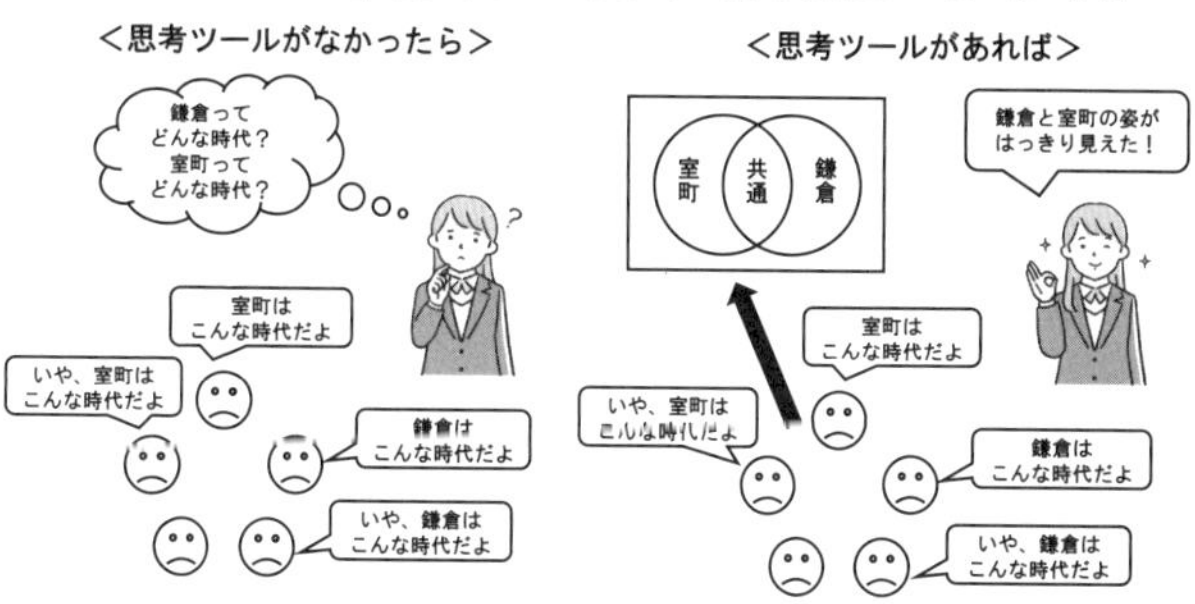

たとします。これを、思考ツールを使う場合と使わない場合とで考えてみます。

思考ツールを使わない場合、グループ討議で出された意見が乱立し、鎌倉時代と室町時代の共通点や相違点が見えてきません。一方、思考ツールを使う場合、乱立した意見をベン図などに落とし込んで整理すると、鎌倉時代ならではの特色、室町時代ならではの特色が浮かび上がり、相違点が見えてきます。また、２つの時代に共通することもはっきり表れてきます。このように、**目に見えない様々な思考を整理し「見える化」する道具が思考ツール**です。この他、複雑な思考を論理的に構築していく効果のある思考ツールもあります。このタイプのツールは、書き込んでいくうちに思考が整理され、新たな思考が生まれてくるストーリーが組み込まれています。

図化することによって整理される・思考が深まる

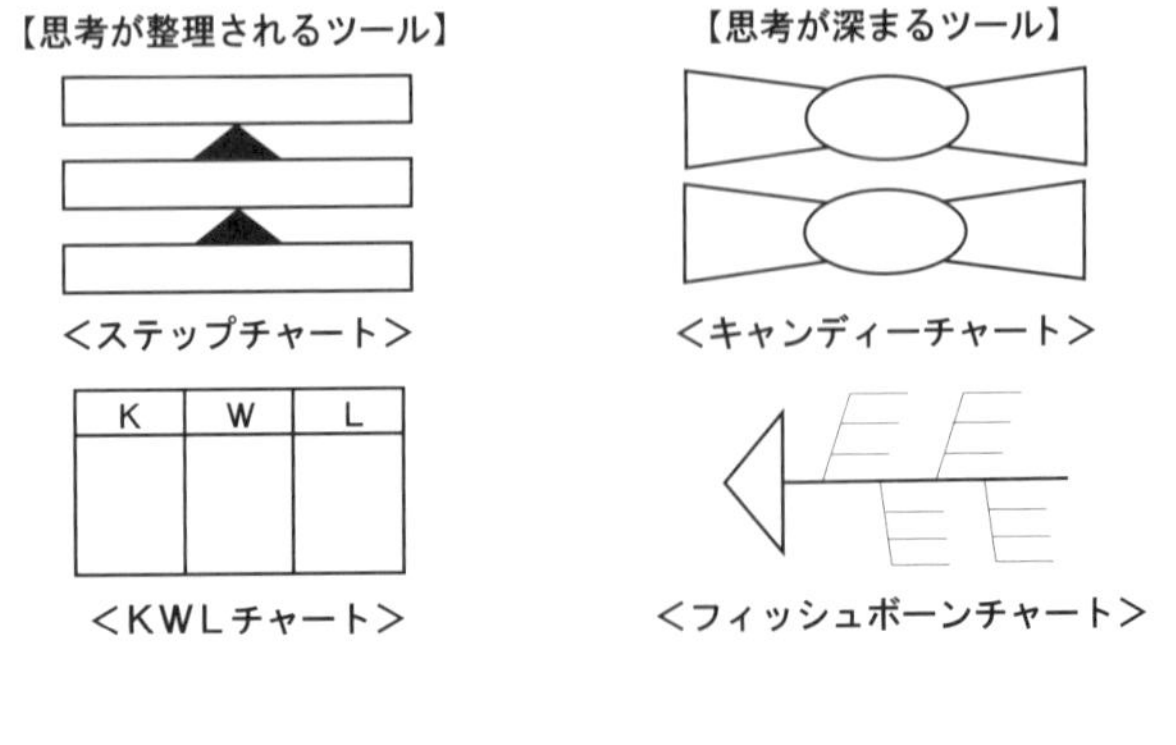

３　オリジナルの思考ツールをつくる

思考ツールは、目的に応じて様々なものが開発されています。しかし「本時の学習課題にはどうもぴったりはまらない。何かいいものはないだろうか」と悩んだことがある先生も多いのではないでしょうか。

そんなとき、私は「ないなら自分で開発しよう」という発想になりました。既成の思考ツールを必ず使わなくてはいけないわけではありません。**生徒の思考が促進されれば、何を使ってもよい**のです。まったく新しいものを開発しなくても、既成の思考ツールの一部を加工して本時の学習に合わせてもよいでしょう。大切なのは、生徒の思考をいかに「見える化」しながら整理、促進させるかということです。

課題に合わせてオリジナルの思考ツールをつくる

例【トライアングルチャート】

３つの事象について相互の関係性を分析したうえで、全体の関係性についても明確にする。

南アメリカ州の単元で「人間―森林―地球温暖化の関係をトライアングルチャート」を使って整理しよう」という学習課題で活用した例

7 パフォーマンス課題

1 パフォーマンス課題とは何か

現行学習指導要領では、知識・技能の習得のみならず、思考力・判断力・表現力等の育成や学びに向かう力・人間性等の涵養までもが求められています。このことは広く浸透しており、様々な実践が行われています。

こうなると、習得した知識・技能を活用して課題を解決する思考力・判断力・表現力や、主体的に課題を解決しようとしたり社会に関わろうとしたりする態度の状況を見取る評価が必要になります。

そこで注目されている評価方法が、パフォーマンス評価です。ここでいう「パフォーマンス」とは、

「パフォーマンス評価」
行動観察、対話、実技テスト、自由記述による筆記テストなどを手がかりとして、知識・技能を活用して課題を解決する思考力・判断力・表現力や、主体的に学習に取り組む態度などを総括的に評価するための評価方法。

「パフォーマンス課題」
パフォーマンス評価を実施する際に提示する、具体的な事例を設定して構成された学習課題。知識・技能を活用して課題を解決する思考力・判断力・表現力や主体的に学習に取り組む態度を総括的、一体的に発揮する要素を含む。

「ルーブリック」（評価基準）
パフォーマンス課題に対して発揮された知識・技能を活用して課題を解決する思考力・判断力・表現力や、主体的に学習に取り組む態度などを見極めるための要素を含んだ評価の指標。

先行研究を基に、筆者がまとめたもの

技能系教科の実技テストのような狭義のパフォーマンスではなく、知識・技能を活用して課題を解決する思考力・判断力・表現力や主体的に学習に取り組む態度を総括的、一体的に発揮する、広義の活動を意味します。

この広義のパフォーマンスを発揮させるステージとなるのがパフォーマンス課題で、パフォーマンス課題と同時に提示するルーブリック（評価基準）に従って評価します。

なお、**目標と評価は表裏一体のものなので、ルーブリックは目指すべき目標にもなります。**だからこそ、ルーブリックをパフォーマンス課題と共に先出しして生徒に示す意味があるのです。

2　生徒の学習意欲を高め、学習成果を生かしながら学力を養うストーリー

学校教育法第三十条二項には、次のように示されています。

> （小学校における教育は）生涯にわたり学習する基盤が培われるよう、基礎的な知識及び技能を習得させるとともに、これらを活用して課題を解決するために必要な思考力、判断力、表現力その他の能力をはぐくみ、主体的に学習に取り組む態度を養う

ことに、特に意を用いなければならない。

これは法律であり、中学校も準用規定があるので、従わなければなりません。

ここに示されたことを実現するのがパフォーマンス課題です。**巧みに設定されたパフォーマンス課題のストーリーの中で、生徒の学力を発揮させます。**

それでは、パフォーマンス課題の中には、どのようなしかけが必要なのでしょうか。ストーリーを設定するときに組み込みたい場面は次の5つです。

①既習の知識や技能を振り返る場面
②習得した知識や技能を活用する場面
③思考力や判断力を発揮する場面
④考察した結果を表現する場面
⑤主体的に社会と関わり課題を追究する場面

これらを、生徒の学習意欲が高まるようなリアルなストーリーの中に織り込みながら課題を作成し、さらにルーブリックによって高次に引き上げていきます。

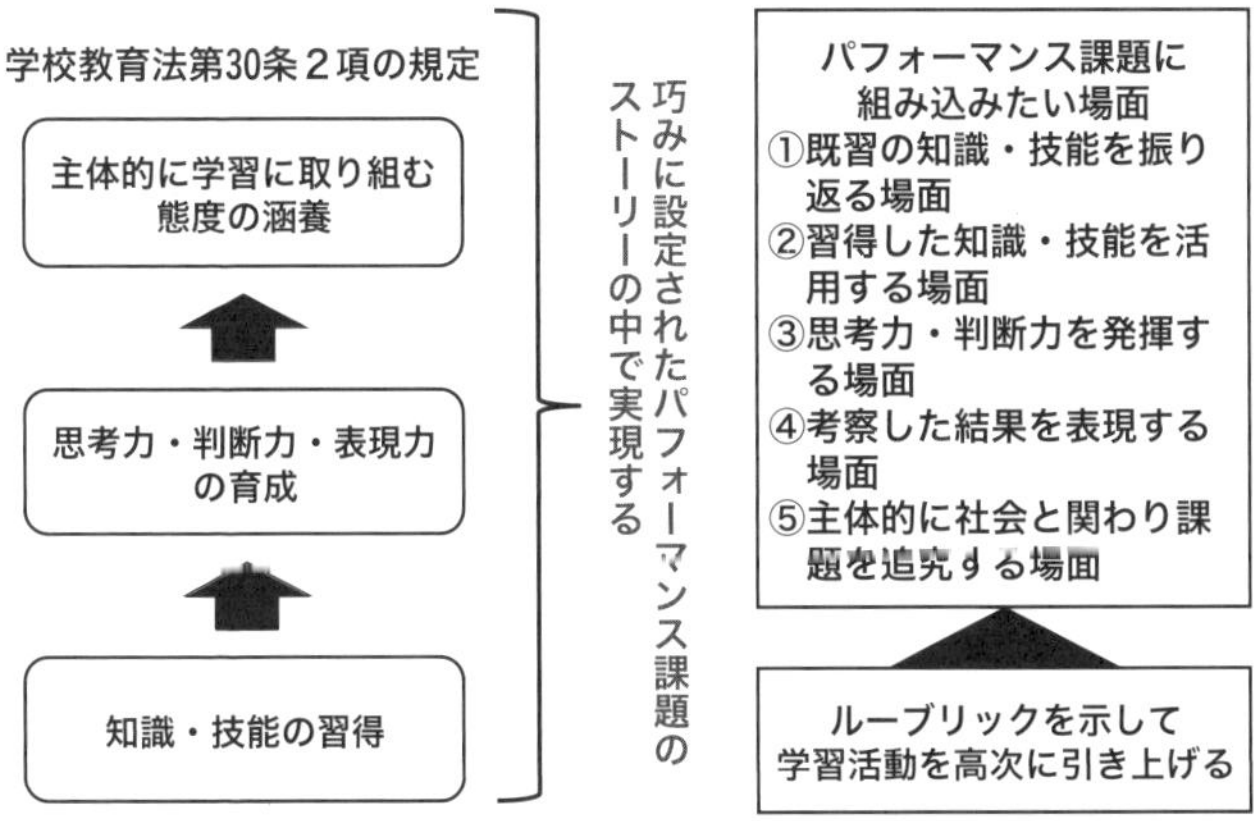

8　個別最適な学び

1　令和の日本型学校教育

２０２１年1月26日に中央教育審議会の答申が出されました。これは「令和の日本型学校教育」を示したもので、大変重要な意味をもっています。答申では、社会の在り方が劇的に変わる「Society 5.0時代」の到来や新型コロナウイルスの感染拡大など先行き不透明な「予測困難な時代」の到来を背景として、一人ひとりの児童生徒が、自分のよさや可能性を認識するとともに、あらゆる他者を価値のある存在として尊重し、多様な人々と協働しながら様々な社会的変化を乗り越え、豊かな人生を切り拓き、持続可能な社会の創り手となれるようにすることが必要であると述べています。

「『令和の日本型学校教育』の構築を目指して」
（中央教育審議会答申　令和３年１月26日より）

急激に変化する時代の中で育むべき資質・能力、新学習指導要領の着実な実施、ＩＣＴの活用

一人一人の児童生徒が、自分のよさや可能性を認識するとともに、あらゆる他者を価値のある存在として尊重し、多様な人々と協働しながら様々な社会的変化を乗り越え，豊かな人生を切り拓き、持続可能な社会の創り手となることができるようにすることが必要

▼

必要な改革を躊躇なく進めることで，従来の日本型学校教育を発展させ、
「令和の日本型学校教育」を実現

2020年代を通じて実現すべき「令和の日本型学校教育」の姿

▼

その１つが「個別最適な学び」
（「個に応じた指導」（指導の個別化と学習の個性化）を学習者の視点から整理した概念）
「指導の個別化」「学習の個別化」

そのためには従来の日本のよき学校教育を発展させつつ、必要な改革は躊躇なく進めるという「令和の日本型学校教育」の実現が必要であり、その1つの姿が「個別最適な学び」なのです。

個別最適な学びは、**「指導の個別化」と「学習の個別化」**の2つからなっており、前者は、支援が必要な子どもにより重点的な指導を行うことなどの効果的な指導を実現し、特性や学習進度等に応じて指導方法や教材等の柔軟な提供と設定を行うことです。後者は、子供の興味や関心等に応じ、一人ひとりに応じた学習活動や学習課題に取り組む機会を提供することで、子ども自ら学習が最適となるよう調整することです。

主体性の重視や個に応じた指導は、これまでの教育でも大切にされてきたことですが、この答申では、学習指導要領の内容を改めて重視し、生徒一人ひとりの興味や関心に即しながら自ら学ぶ力を高めていくことを示しています。これからの社会科の授業も、こういった考えに基づき、必要な改善を躊躇なく進めていくことが求められます。

2　個別最適な学びに飛び込む

社会科の先生方と個別最適な学びについて話していると、「そうはいっても、授業時間は限られているし…」「受験もあるし、必要な知識は教えないと…」「個別の学習はいいけど、評価はどうするのか…」といった不安の声がよく聞かれます。確かに、これまでの教師がリーダーシップをとる授業形態と比較して不安になるのは当然だと思います。

しかし、その不安を乗り越えて大きな一歩を踏み出したいものです。個別最適な学びや自由進度学習といった言葉が教育界で広がった数年前の私も、実は大きな不安を抱えていました。「そうはいっても、公立の中学校でできるのかな…」「成功しているのは研究校だからではないのかな…」と思ったものです。でも、私の中に個別最適な学びを否定する気持ちはわいてきませんでした。

そして、極めて自由度を高くした授業を試みました。地理的分野の産業を取り扱う項目で、「これまでの学習の成果を生かして、産業の立地に関する共通性を見つけよう」という学習課題を、個別最適な学びのスタイルで実施したのです。はじめての大きな試みに最初は少し戸惑っていた生徒も、やがて一人一台端末や手持ちの資料、そして既習事項を活用しながら、思い思いに立地の共通性を見つけていきました。**この授業での成果は、「地理の公式」と名づけた汎用的な知識となり、その後の諸地域学習でも活用されていました。**

学習内容の定着や学習評価のことを考えると、社会科の授業では、総合的な学習の時間における探究学習ほど自由度は高められないかもしれません。時間的制約の中で膨大な学習内容を指導する効率的な指導も必要です。

しかし、あのときの生徒の自ら工夫して学習する姿、自らの学習欲求によって突き進んでいく行動力、そして何より学びを楽しむ笑顔は忘れられません。これが本当の学びの姿、学びの楽しさではないだろうかということを実感した気がします。

学びを「食事」に例えると…

私は、カレーが食べたい（潜在的な学習欲求）

母親がつくったハンバーグを食べる夕食（従来の教師主導型授業）	食べたいカレーを自分でつくって食べる夕食（個別最適な学び）
■料理の技術のある母親がおいしいハンバーグをつくってくれるので、それを食べればいい →効率的に知識・技能を習得できる	■自分で材料を買ってきて、つくり方を調べ、自分の力でカレーをつくっていく →知識や技能の習得や思考を自らの力で進めていく
■おいしいハンバーグは食べられたけれど、本当に食べたいカレーは食べられなかった →潜在的な学習欲求は満たされていない	■カレーをつくるのは大変だったけれど、食べたいカレーが食べられた →潜在的な学習欲求は満たされた
■いつも母親のつくるものを待っているだけで、母親がいなかったら夕食が成立しない →常に受け身になり、変化に応じた学びが自らできない	■カレーをつくった経験を生かして、次は天丼をつくってみようと思う →変化に応じた学びが自らの力によってできるようになる

9　教科横断的な学び

1　探究的な学びに通じる教科横断的な学び

　探究的な学びは、既習の知識や生活経験などから得た学びなどを基礎として、様々な教科で獲得された学びを統合して練り上げられていくものだと考えます。そう考えると、探究的な学びは1つの教科の学びだけでは成立しないわけで、複数の教科の学びを統合・活用していく教科横断的な学びが、探究的な学びを成立させるうえで重要だと言えます。

　中学校9教科はそれぞれに性格をもっています。その性格から分類してみると、おおよそ「用具教科」「内容教科」「情操教科」の3つに分類できます。情操教科は、表現教科といってもよいでしょう。社

教科の分類

＜用具教科＞ 学習において用具となる言葉・文字・計算などを 取り扱う教科（国語・数学・英語）
＜内容教科＞ 自然や社会、生活など事実的内容を取り扱う教科 （理科・社会・技家）
＜情操教科＞ 真理を追求する態度や豊かな心、健やかな体を養う教科 （音楽・美術・保体）

会科は、地理、歴史、公民（現代社会）の3つの側面から人々の営みや努力、工夫について追究、探究する教科です。このように、社会科は社会的な事実内容を取り扱うので、内容教科に該当します。

探究的な学びを実現するために重要な教科横断的な学びは、いろいろな素材を生かして美味しい味をつくる「料理」のようなものです。それぞれの素材の特性をよく知ったうえで、どのような組み合わせがよりよいかを分析的に考えます。**素材である各教科の特性を用具教科、内容教科、情操教科という3つの視点を意識しながら、よさを生かすように組み合わせていきます。**素材と素材を組み合わせた味が元の素材の味を大きく上回るように、教科横断的な学びの味わいは、常に1＋1＝2ではなく、足し方によっては3にも4にもなるのです。

**社会科（内容教科）を中心とした
教科のコラボレーション**

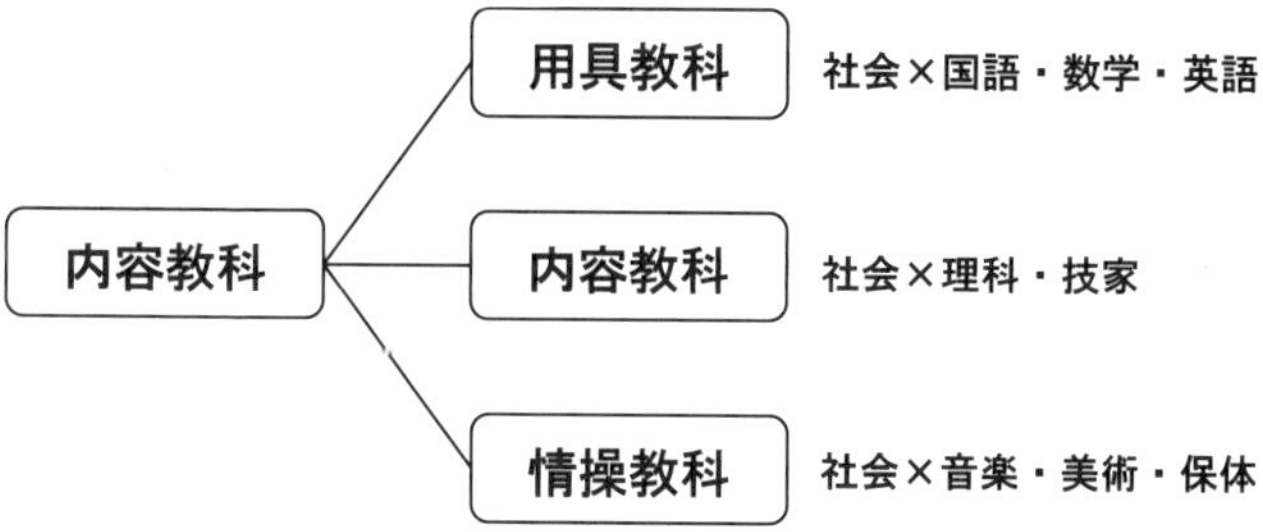

2 社会科を中心とした教科のコラボレーション

社会科を中心とした教科の組み合わせを考えると、3つの組み合わせが浮かびます。比較的わかりやすく考えやすいのが、「内容×内容」の組み合わせです。同じ内容教科である理科との組み合わせで、例えば、地震を題材としてそのメカニズムや地質などを理科で学び、地震の多い地域でどのように生きていくかを社会科で考えていく、というような学習です。

「内容×用具」は、例えば、国語との組み合わせで、社会科の授業で為替相場の変動とその社会的な影響を学習する際、国語の論理に関する学習の成果を生かして言葉を巧みに操りながら分析・考察する、というような学習が考えられます。

「内容×情操」は、例えば、地域の特色を地理で学び、その成果を整理して美術の表現力を活用して

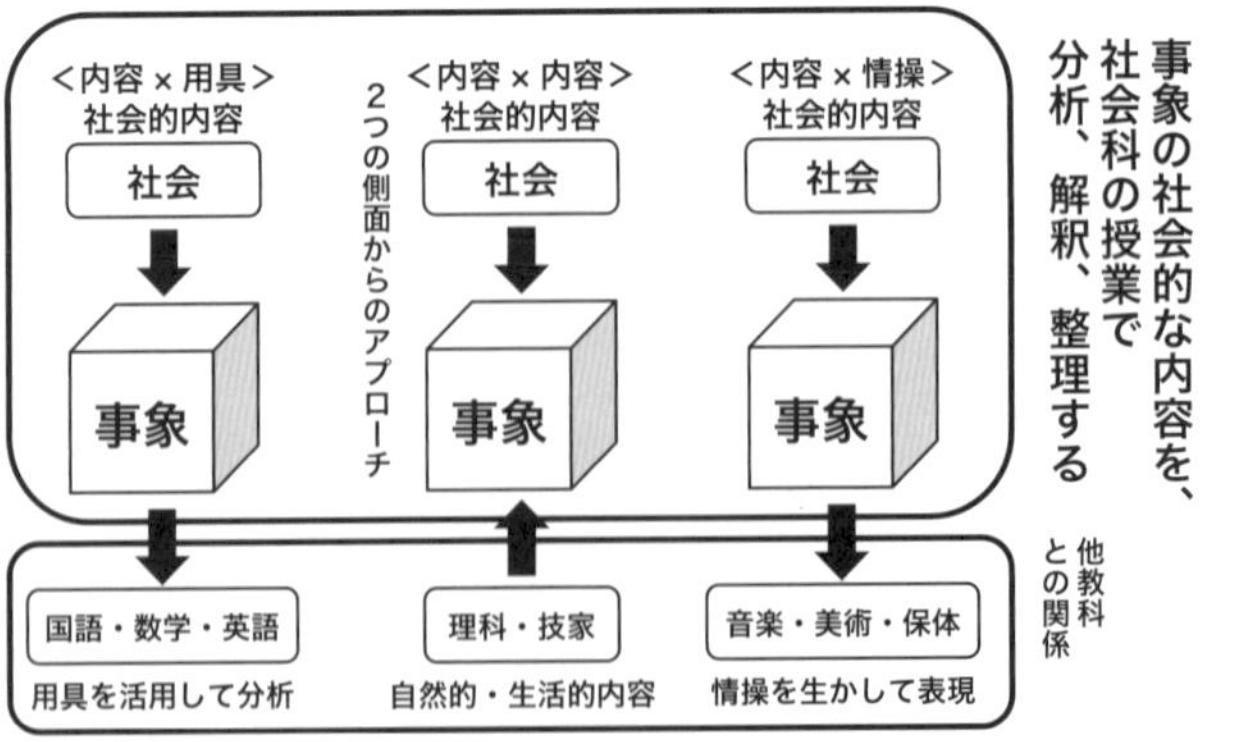

1枚の絵で表現する、というような学習が考えられます。

いずれにしても、社会科を中心とした教科のコラボレーションは、事象の社会的な内容を社会科の授業で分析、解釈、整理するのですが、**その際に他教科のアプローチを加えてより深く分析したり、多面的に考察したり、様々な情操を加味して表現したりしていくことで学びを深める授業の組み合わせ方**です。

3 教科のコラボは教師のコラボ

教科のコラボレーションといっても、具体的には様々な制約があり、実現までにはたくさんのハードルを乗り越えなければなりません。そこで重要になるのが、教師間のコミュニケーションです。普段から他教科の学習内容や進度などについて関心をもっておきたいものです。学年が4学級以上あれば、およそ5教科の担当教員が学年の中にいらっしゃると思うので、**普段の会話の中で教科のコラボレーションを話題にしておくことが望ましい**です。何気ない会話の中からふっとすばらしいコラボレーションのアイデアがわいてくることでしょう。そして、そのアイデアを教員が楽しみながら実現していってください。苦労が楽しみに変わり、教師の笑顔が生徒の笑顔に変わるのです。

10 SDGs

1 SDGsとESD

ＳＤＧｓが大きな話題となっています。メディアではＳＤＧｓの特集で、様々な取組が紹介されています。企業もこぞってＳＤＧｓの取組をＰＲしています。

これは教育界も同様で、ＳＤＧｓを授業化することが求められ、どのような授業をすればよいのか悩んでいるという先生も多いのではないでしょうか。「ＳＤＧｓの授業をどのようにつくったらよいのでしょうか？」という質問を受けることが時折ありますが、そのようなとき、私は、ＥＳＤを紹介するようにしています。

ＳＤＧｓとは、ご承知の通り「Sustainable Development Goals」の略で「持続可能な開発目標」という意味です。つまり、ＳＤＧｓは目標なのです。目標を授業化するのは案外難しいことです。そこで、**ＥＳＤの視点を踏まえることで、授業化の幅を広げる**とよいのでは、とおすすめしています。

ＥＳＤとは、「Education for Sustainable Development」の略で「持続可能な開発のた

めの教育」のことです。文部科学省のウェブサイトでは、次のように説明されています。

今、世界には気候変動、生物多様性の喪失、資源の枯渇、貧困の拡大等人類の開発活動に起因する様々な問題があります。ESDとは、これらの現代社会の問題を自らの問題として主体的に捉え、人類が将来の世代にわたり恵み豊かな生活を確保できるよう、身近なところから取り組む（think globally, act locally）ことで、問題の解決につながる新たな価値観や行動等の変容をもたらし、持続可能な社会を実現していくことを目指して行う学習・教育活動です。
つまり、ESDは持続可能な社会の創り手を育む教育です。

ここに示されたESDの6つの視点や、ESDの視点に立った学習指導で重視する能力・態度を意識して授業づくりを進めれば、より深い内容の授業がつくれると思います。

ESDは「持続可能な社会の創り手を育む教育」ですから、学習指導要領が示す内容と合致します。そして、その中核を担う教科が、社会科なのではないでしょうか。

2　社会科がリードする持続可能な社会づくり

ＥＳＤは、１教科のみで行うものではありません。学校全体で取り組むべき教育です。しかし、中核となる教科は必要です。**その中核となる教科こそが社会科**です。

社会科は、社会そのものを学習対象としています。その社会科が、様々な要素を統合してまとめ上げる土台の教科となるのです。生徒の社会に対する興味・関心を高めながら学びの土台となる知識や技能を習得させ、社会的な経験を含めた学びを統合しながら学習者エージェンシーを高めます。この力が、社会の中で発揮されることで、持続可能な社会が実現していくのではないかと考えます。

社会科の授業のいたるところに持続可能な社会づくりの種を蒔きましょう。

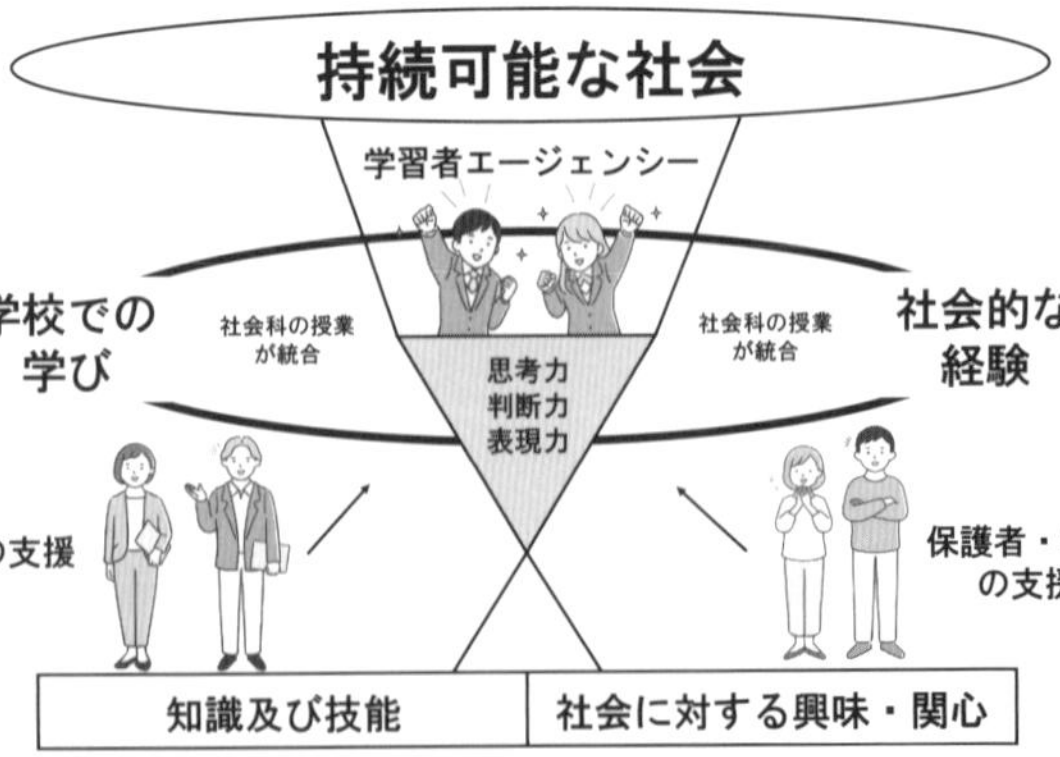

第3章

「探究的な学び」を位置づけた社会科授業プラン

0 社会科の本質

地理的分野　日本の諸地域　近畿地方（全6時間）

人口や環境保全を中核とした考察の仕方で、近畿地方の人々の営みを考えよう

1　単元構成

(1) 目標

・人口や環境保全を中核とした考察の仕方を基にして空間的相互依存作用や地域などに着目しながら近畿地方の地域的特色や地域の課題を理解する。【知識及び技能】

・空間的相互依存作用や地域などに関わる視点に着目して、人口や環境保全を中核とした近畿地方の特色ある事象を他の事象と関連付けて多面的・多角的に考察し、表現する。
【思考力・判断力・表現力等】
・近畿地方について、よりよい社会の実現を視野に、そこで見られる課題を主体的に追究する。
【学びに向かう力、人間性等】

(2) 評価規準

■知識・技能

・人口や環境保全を中核とした考察の仕方を基にして空間的相互依存作用や地域などに着目しながら近畿地方の地域的特色や地域の課題を理解している。

■思考・判断・表現

・空間的相互依存作用や地域などに関わる視点に着目して、人口や環境保全を中核とした近畿地方の特色ある事象を他の事象と関連付けて多面的・多角的に考察し、表現する。

■主体的に学習に取り組む態度

・近畿地方について、よりよい社会の実現を視野に、そこで見られる課題を主体的に追究しようとしている。

(3) 単元指導計画(学習課題)

①近畿地方の地形と気候(第1時)

・近畿地方の地形や気候にはどのような特色があるのだろうか

②京阪神大都市圏の拡大と琵琶湖の環境保全(第2時)

・京阪神大都市圏の拡大は琵琶湖の自然環境にどのような影響を与えたのだろうか

③京阪神地区の工業と環境問題(第3時)

・京阪神地区の工業の発展は、地域の環境にどのような影響を与えたのだろうか

④京都・奈良の歴史的な景観の保全（第4時）
・京都や奈良の発展の中で、歴史的な景観をどのように保全したらいいのだろうか

⑤紀伊半島の林業と漁業の取組（第5時）
・紀伊半島の林業や沿岸部の漁業をこれからも維持していくには何が必要なのだろうか

⑥近畿地方の学習のまとめ（第6時）
・近畿地方とはどのような地域で、そこに暮らす人々はどのような営みや努力・工夫をしているのだろうか

※第6時の学習課題が、単元を貫く問いです。

単元を貫く問い
近畿地方とはどのような地域で、そこに暮らす人々はどのような営みや努力・工夫をしているのだろうか

	学習テーマ	取り扱う特色ある事象
第1時	近畿地方の地形と気候	地形、気候
第2時	京阪神大都市圏と琵琶湖の環境保全	人口増加、水質汚濁
第3時	京阪神地区の工業と環境問題	工業の変化、環境汚染
第4時	京都・奈良の歴史的な景観の保全	開発と歴史的景観
第5時	紀伊半島の林業と漁業の取組	森林保全、水産資源保護
第6時	近畿地方の学習のまとめ	人と環境との関わり

2　探究的な学びのポイント

(1) 社会科の本質である「人々の営み」に、学習テーマを通して迫り続ける

前述のとおり、社会科の本質は「人々の営み」です。とにかく「人々の営み」にこだわり、迫り続けましょう。分野や学習テーマは切り口です。様々な切り口から「人々の営み」を分析し、総合的に捉えていきます。また、「人々の営み」は立場によっても違って見えます。いろいろな立場からも分析します。これこそが多面的・多角的なものの見方です。

本事例では、近畿地方の人々の営みや努力・工夫を近畿地方という地域の特色から分析していくように工夫しました。自然環境を土台として人口増加と水

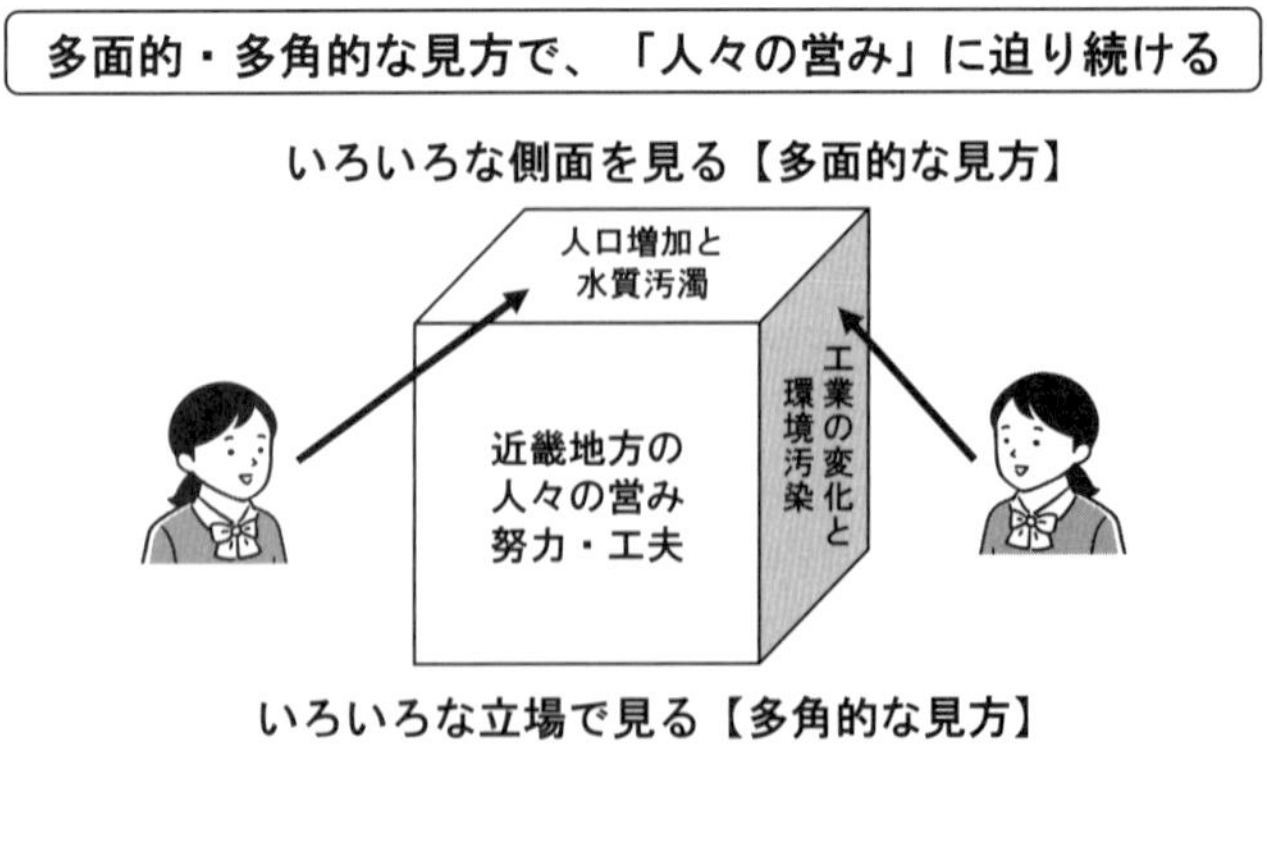

質汚濁、工業の変化と環境汚染、開発と歴史的景観、森林保全や水産資源保護といった近畿地方に内在する課題を追究しながら近畿地方の人々と環境との関わりを明らかにしていきます。

(2) 単元の学習を好事例として、学びを概念化・汎用化する

社会的な事象は、それぞれ特色をもっているとともに、どの地域でもどの時代でもおよそ共通する特色をもっているという性質があります。地理で言えば、地方的特殊性と一般的共通性です。どの地域でもどの時代でもおよそ共通する特色については、概念的な知識、汎用的な知識として生徒に習得させておくと、実社会に出たときにも使える、生きた知識となります。

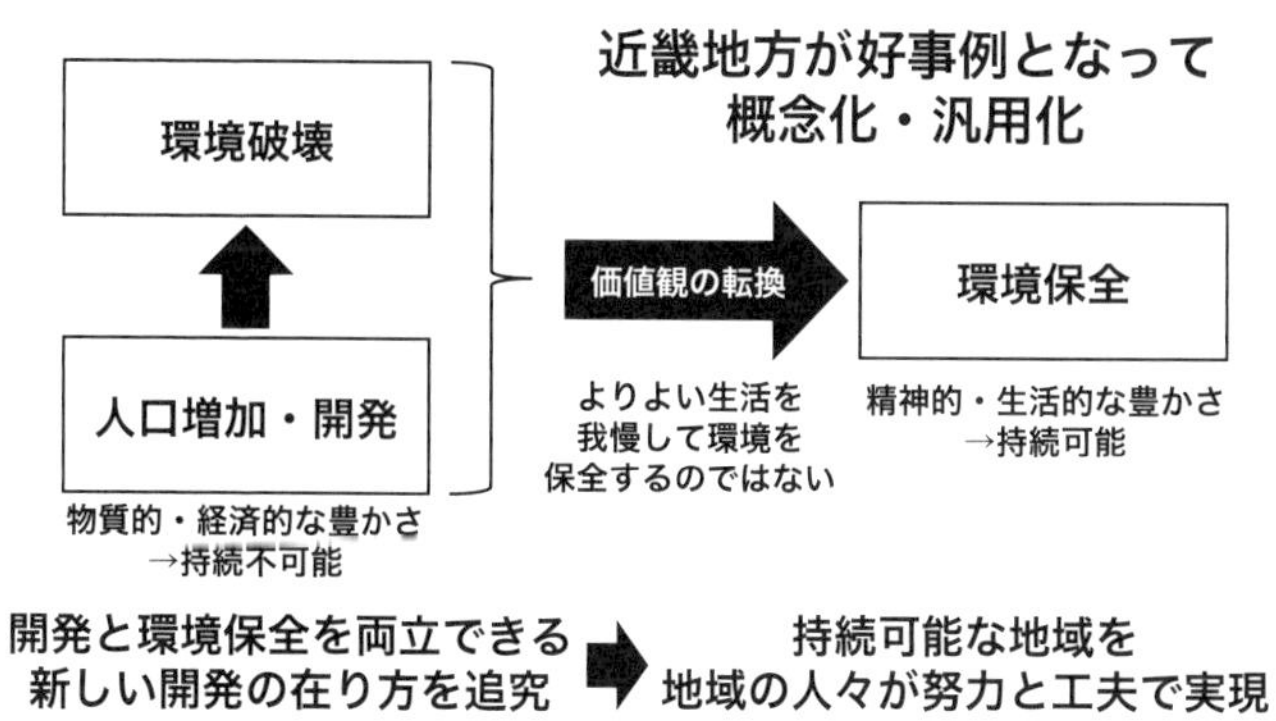

地理的分野の日本の諸地域では、５つの考察の仕方を基にして、地域の特色を端的に示す地域的な事象を選択し、それを中核として内容を構成することとなっており、本事例でも、近畿地方を特色づける中核として人口と環境保全を設定しました。この人口と環境保全に関する中核に関する地域的特色や地域的課題は、他の地域でも見られるものなので、第６時を学習成果をまとめる時間として設け、この中で概念化・汎用化するように設計しています。一単位時間の学びが断片化することなく大きな概念的・汎用的な知識にしていくことで、生きた学びを保障していくのです。

3　単元展開

(1) 近畿地方の地形と気候（第1時）

第1時は近畿地方の学習の土台となる地形や気候といった自然環境について確認します。諸地域学習の最初はおよそ自然環境から入るのが一般的ですが、これは地域的特色を形づくるうえで自然環境の影響が大きいことを意味します。自然環境決定論に陥ることなく、社会環境からの影響も地域的特色を見ていく際には配慮する必要がありますが、人々の営みはその地域の地形や気候の特色に応じて努力や工夫をしながら形づくられてきた要素が大きいので、自然環境の確認は、必ず行います。

学習を進めるにあたっては、地図や雨温図で確認して整理するだけの形骸化されたものにとどまることなく、景観写真からの読み取りなどを入れながら特色を捉えられるような工夫が必要です。

(2) 京阪神大都市圏と琵琶湖の環境保全(第2時)

近畿地方の水源である琵琶湖が、京阪神大都市圏の拡大によって汚染されてしまったことに対して水質改善を図ろうと地域住民が立ち上がり、環境保全を進めた事例を用いながら、開発と環境との関係を捉えさせます。

かつての物質的・経済的な豊かさを求めた人々の生活が環境を破壊し、その重大さや将来への不安を考えた地域の人々が価値観を転換して改善するという構図を基本として、地域の人々の思いを実感させながら指導を進めます。この学習が、本単元の骨格となる構造につながります。

（3）京阪神地区の工業と環境問題（第3時）

ここでは阪神工業地帯の繁栄と衰退、その中で起こった公害問題について扱います。1960年代に起こった地盤沈下や大気汚染は、他の工業地帯でも見られた公害問題ですが、この学習で学んだことを汎用化して、他の地域の学習でも応用できるようにします。また、工場の閉鎖や他地域への移転に伴ってできた空き地の再利用や再開発も他でも見られる事例です。近畿地方ならではの地方的特殊性と他地域でも見られる一般的共通性を明確にしながら、地域的特色を捉えさせます。

（4）京都・奈良の歴史的な景観の保全（第4時）

京都・奈良の歴史的な景観は、日本だけでなく世界的に貴重な財産です。地域の人々の誇りでもあるこの歴史的景観を現代の快適な生活の中でどのように守っていくかを、自分事として考えさせます。現代的な開発と歴史的な景観の保全という対立をどのようにして調和させていくかを、地域の事例を参考にしながら考えていきます。

現代的な利便性と歴史や伝統の調和は、他地域の伝統産業や自身が生活する地域の伝統保全にもつながる学びです。京都や奈良の人々の思いをヒントにしながら考えさせます。

(5) 紀伊半島の林業と漁業の取組(第5時)

ここまでで扱っていなかった紀伊半島や沿岸部のようすについて、林業や漁業を通じて見ていきます。紀伊山地は森林資源が豊かで、古くから林業が盛んに行われてきました。しかし、林業従事者の高齢化や後継者不足などによる森林管理の問題が大きくなっています。

これを基にして今後の維持発展について生徒に問います。漁業においても環境悪化による漁獲量の減少が見られ、今後の漁業の在り方をめぐる課題の中でどのような対策が必要かを考えます。地域の人々の努力に触れながら、自然環境の保全の必要性に気づかせていきます。

(6) 近畿地方の学習のまとめ(第6時)

ここでは、これまでの学習の成果を整理し、人々の生活や開発と自然環境との関係を明らかにしていきます。人口増加や開発と環境破壊、そして環境保全の関係を図化しながら整理して汎用化し、地域の人々の立場に立って、地域の発展に向けた人々の営みを論じさせます。

■学習評価について

各時の評価は、単元の評価基準及び学習課題に対する生徒の回答を材料として評価します。学習課題に対しておおむね満足のいく回答が得られればB評価とし、さらに地域の人々の営みに深く着目していたり、地域の人々の立場に立って考えられていたりすればA評価とします。

第6時の学習課題は、単元を貫く問いそのものなので、単元の各時での学習を総括して論じたものを材料として評価します。

学習課題を分析すると、2つの側面から構成されていることがわかるかと思います。つまり「近畿地方とはどのような地域なのか」という地域的特色を捉えている側面と、「そこに暮らす人々は、どのような営みや努力・工夫をしているのだろうか」という人々の営

	学習課題	B評価の基準例
第１時	近畿地方の地形や気候にはどのような特色があるのだろうか	大きく３つの地域に分けられ、中央部は低地や盆地で都市が発達し、北部と南部は広範囲で山地が見られる。気候は３つの地域で異なり、北部は冬の季節風の影響で雪が多く、南部は黒潮の影響で冬でも温暖、中央部は盆地を中心に夏の暑さが厳しい。
第２時	京阪神大都市圏の拡大は琵琶湖の自然環境にどのような影響を与えたのだろうか	京阪神大都市圏は、大阪を中心に鉄道網が発達し、沿線に市街地が広がっている。1960年代からニュータウンが建設され人口が急増したため、生活排水などにより水源である琵琶湖・淀川水系が汚染された。その改善に向けて地域住民が運動をおこし、自治体の制限も進んだ。その努力は近年でも続けられている。
第３時	京阪神地区の工業の発展は、地域の環境にどのような影響を与えたのだろうか	大阪湾周辺には古くから繊維工業が発達し阪神工業地帯が形成された。工業の発展にともない1960年代ごろから地盤沈下や大気汚染などの公害が深刻化した。その後1980年代ごろから鉄鋼などの素材型工業が衰退すると、空き地の再利用や再開発が進み新しい街づくりが進んでいる。
第４時	京都や奈良の発展の中で、歴史的な景観をどのように保全したらいいのだろうか	現代的な生活や地域開発が進む中で旧来の歴史的な建造物が失われつつある。このため地域の人々は、歴史的な街並みを地域の財産として残そうと、生活の利便性を図りながら歴史や伝統を残していく取り組みを進めており、内装は現代的な建物でも外見は歴史的な表情を残すという歴史的景観の保全が進んでいる。
第５時	紀伊半島の林業や沿岸部の漁業をこれからも維持していくには何が必要なのだろうか	近畿地方の林業や漁業では、従事者の高齢化や後継者不足により管理が行き届かなかったり、海の環境汚染により漁獲量が減少したりというような問題が起こっている。そこで、地域では森林や海の環境を守る努力がなされており、森林資源や水産資源の回復が進められている。

みを捉えている側面です。この２つをおおむね満足させる回答が得られればＢ評価とし、さらに地域の人々の立場に立って、地域を多面的・多角的に捉えられているものはＡ評価とします。

近畿地方は、大阪を中心として東京と並ぶ人口を有し、古くから市街地と工業を発展させてきた地域です。しかし、発達の背後で環境破壊が進んでおり、地域の大きな課題となってきました。その問題の解決に地域の人々が早くから立ち上がり、様々な努力や工夫を重ね、問題を解決しています。そこには地域の人々の大きな価値観の転換があり、開発と環境保全を両立できる新しい開発の在り方を追究してきた過程が見られます。持続可能な地域を人々が努力と工夫で実現してきたのが、近畿地方なのです。

第６時の学習課題＝単元を貫く問い

近畿地方とはどのような地域で、そこに暮らす人々はどのような営みや努力・工夫をしているのだろうか

↓

近畿地方とはどのような地域なのか	そこに暮らす人々はどのような営みや努力・工夫をしているのだろうか
地域的特色を捉えられているか	人々の営みを捉えられているか

1　カリキュラムデザイン

公民的分野　私たちと現代社会　私たちが生きる現代社会（全4時間）

地理や歴史の学習の成果を生かして、現代社会の諸課題を考えよう

1　単元構成

(1) 目標

・現代社会の特色として少子高齢化、情報化、グローバル化などが見られることやその課題について理解する。【知識及び技能】

・少子高齢化、情報化、グローバル化などが現在と将来の政治や経済、国際関係に与える影響について多面的・多角的に考察し、表現する。**【思考力・判断力・表現力等】**
・少子高齢化、情報化、グローバル化などに着目して現代の社会的事象ついて関心を高め課題を意欲的に追究し、課題の解決を視野に主体的に社会と関わろうとする。
【学びに向かう力、人間性等】

（２）評価規準

■知識・技能

・現代社会の特色として少子高齢化、情報化、グローバル化などが見られることやその課題について理解している。

■思考・判断・表現

・少子高齢化、情報化、グローバル化などが現在と将来の政治や経済、国際関係に与える影響について多面的・多角的に考察し、表現している。

■主体的に学習に取り組む態度

・少子高齢化、情報化、グローバル化などに着目して現代の社会的事象ついて関心を高め課題を意欲的に追究し、課題の解決を視野に主体的に社会と関わろうとしている。

（3）単元指導計画（学習課題）

①急速な少子高齢化の進行（第1時）

・急速な少子高齢化の進行は、私たちの生活にどのような影響があるのだろうか

②情報化社会の姿（第2時）

・情報化の進展はどのように進み、私たちの生活をどのように変えるのだろうか

③グローバル化社会の中で生きる私たち（第3時）

・グローバル化が進む国際社会は私たちの生活にどのような影響を与えているのだろうか

④私たちが生きる現代社会（第4時）

・私たちが生きる現代社会とは、どのような社会なのだろうか

2　探究的な学びのポイント

(1)　地理的分野や歴史的分野の学習成果を生かした授業づくり

公民的分野の授業づくり、特に本単元の授業づくりにおいては、地理的分野や歴史的分野の学習の成果を生かすことが不可欠です。

学習指導要領の解説に示された本単元の内容は「位置や空間的な広がり、推移や変化などに着目して」とあります。これはまさしく地理的分野や歴史的分野の学習の成果を生かし、地理的な見方・考え方、歴史的な見方・考え方を働かせて学習を進める際に着目する視点を示しています。

また、解説では次ページの図を示し、地理的分野や歴史的分野の学習の成果を生かした公民的分野の学習の流れを示しています。ぜひこのことを重視してください。

中学校社会科公民的分野の学習の流れ

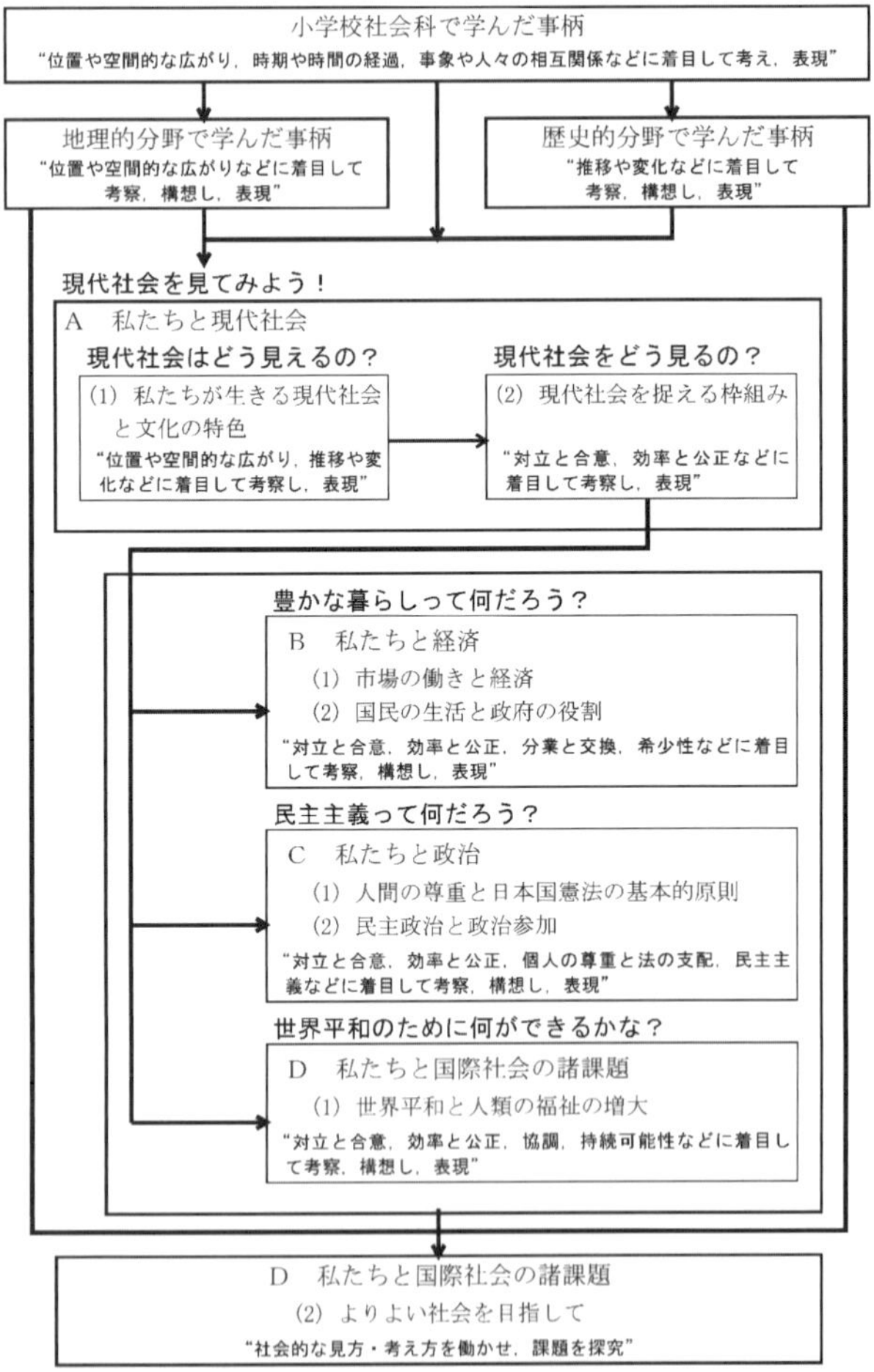

「中学校学習指導要領解説　社会編」(2017) より

(2) 現代社会の諸課題を、自分事として考えさせる工夫

　公民的分野の学習は３年で行われます。このころになると、生徒も様々な学びの中で成長していることでしょう。こうした生徒の発達段階や３年間の系統的な社会科学習の流れを考えると、公民的分野の学習では、これまでよりも高次の考察（あるいは構想）の機会をつくる必要があります。この高次の思考は、将来実社会に出たときに使う社会的スキルへとつながり、生きる力の１つになります。

　これは、公民的分野の学習全体で行わなければならないことですが、公民的分野の導入にあたる本単元でも設定したいところです。導入単元だからこそ、少々現実性に欠けるものであっても大目に見ながら、これまでの社会科学習や生活経験で得た知識を活用して、

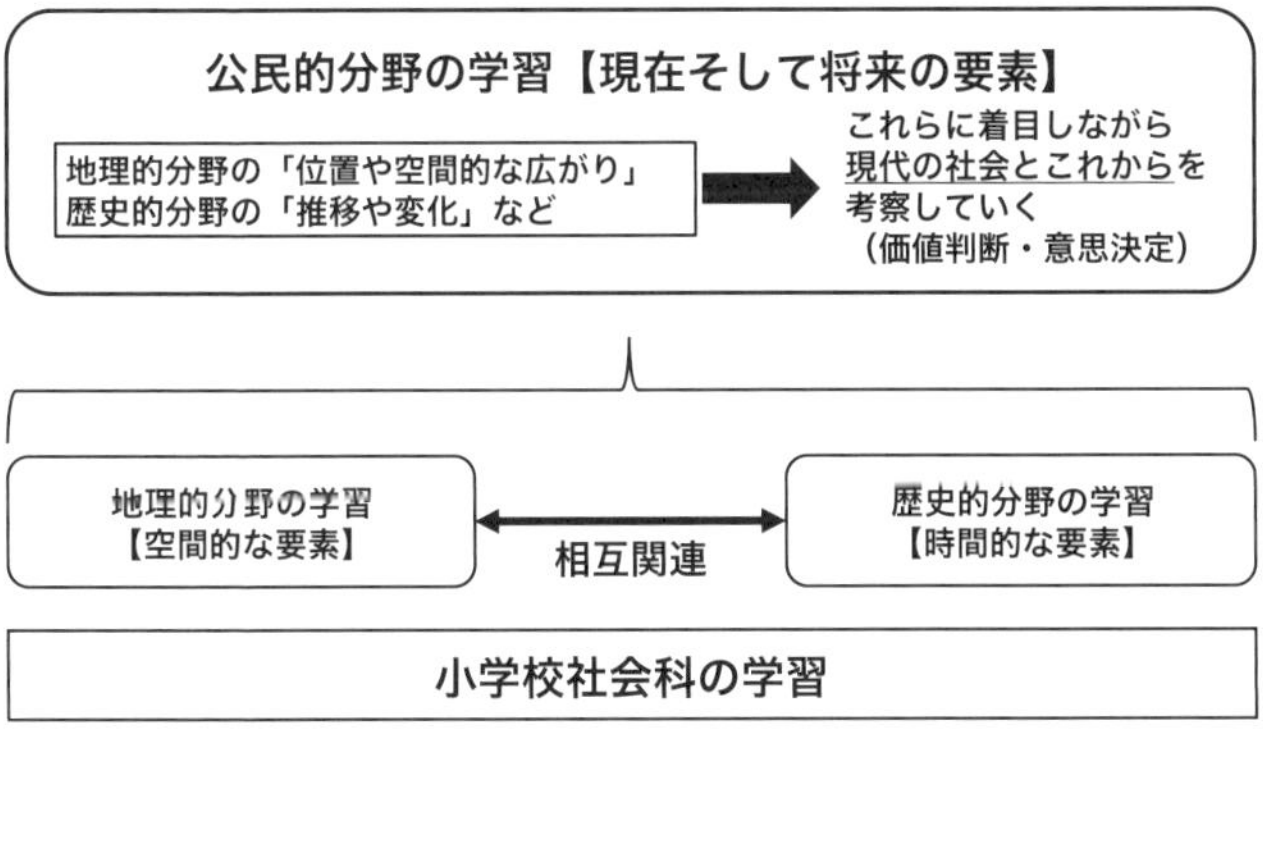

現代社会の諸問題を考えさせましょう。情報の収集と整理、分析を経て自分なりの解釈や考えを展開させる機会を授業内に設け、現代社会の諸問題を自分事として考えさせます。

3　単元展開

(1) 急速な少子高齢化の進行（第1時）

本時は、急速な少子高齢化の進行についての現状を理解し、それが私たちの生活にどのような影響を与えるのか、そしてどのような対応が必要なのかを考えます。

前半では、少子高齢化の進行について、「どこで、どのように起こっているのか」（地理的分野の学習成果）や「いつから、どう変化してきたのか」（歴史的分野の学習成果）を統合して整理、分析します。生徒たちの生活経験も合わせながら時間と空間の双方の視点で分析します。急速な日本の少子高齢化は、21世紀に入るあたりには先進諸国の水準を上回り、今後も高水準が見込まれることや、国内でも地域格差が大きく、平均値よりも深刻化している地域もあることなどが整理されていきます。

その成果を生かして、後半では、影響とこれまでの対策を見ながら、今後の対応について考えます。人口に関係する統計は、推計値があるのでそれを示し、生徒自らの将来と関連づけるようにします。少子高齢化の進行の中で起こる人口減少は、我が国の経済にも大きな影響を与える問題です。報道でもたびたび取り上げられているので、今日的な課題として考えさせていきたいところです。

(2) 情報化社会の姿（第2時）

本時では、進展する情報化の実情と利点や課題について分析し、情報化の影響について、自分事として考えさせます。

まずは、生徒の生活を想起し、情報化の影響について振り返らせます。中学3年生ともなると、日常のほ

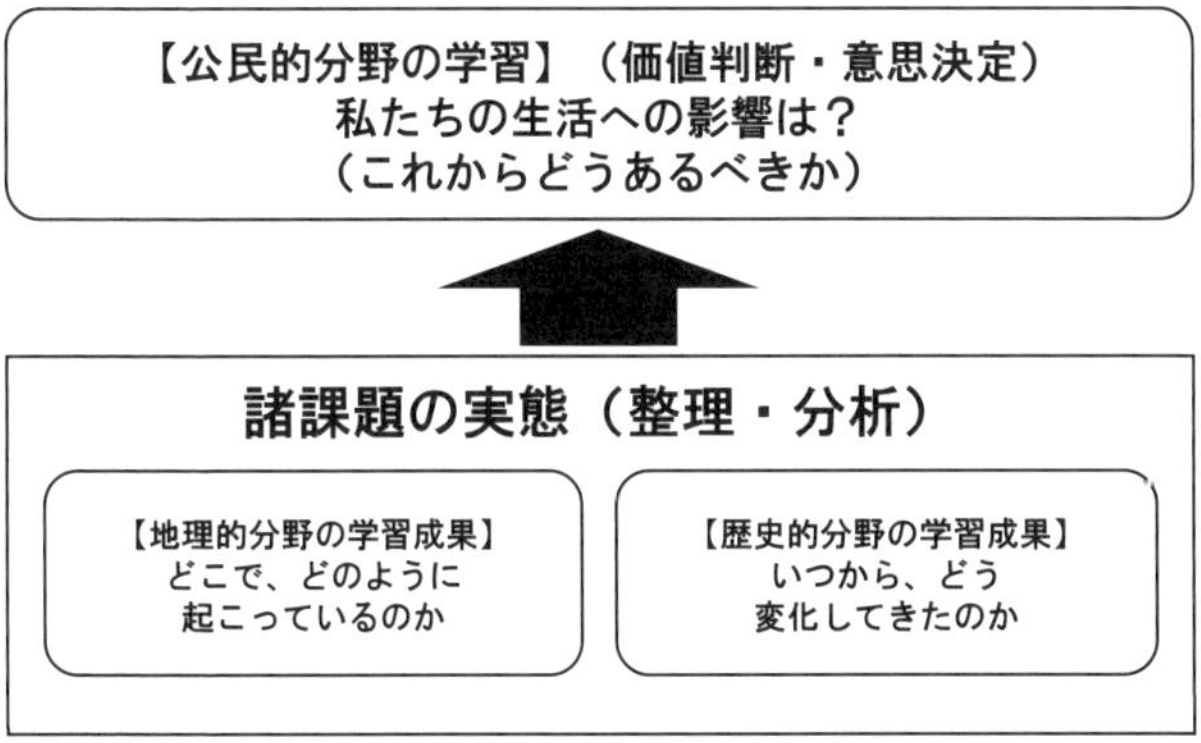
【公民的分野の学習】（価値判断・意思決定）
私たちの生活への影響は？
（これからどうあるべきか）
諸課題の実態（整理・分析）
【地理的分野の学習成果】
どこで、どのように
起こっているのか
【歴史的分野の学習成果】
いつから、どう
変化してきたのか

ぼすべての場面で情報化の恩恵を受けていることが見えてくるでしょう。情報化についても、前半で地理的分野や歴史的分野の学習の成果から知識を整理・分析します。すると、現代において情報化が一気に進展したことが見えてくるでしょう。この傾向は加速していき、その影響をさらに強く受けていくことも、生徒は容易に気づくはずです。

後半は、情報化の進展が私たちの生活に与える影響と、急速に情報化が進展する中での生き方について考えます。そこでは、情報に振り回されることなく、情報を上手に使いこなす情報リテラシーがこれからの社会を生きる力として必要なことに気づかせ、進展する情報化社会の中で主体的に情報を利活用していく姿を考えさせます。

(3) グローバル化社会の中で生きる私たち（第3時）

本時では、グローバル化が進む国際社会の現状と課題を整理・分析し、私たちの生活に与える影響について考察していきます。

ここでもグローバル化の進展について、地理的分野や歴史的分野の学習の成果を生かして整理・分析させましょう。戦争を繰り返していた分断の歴史を経て国際的な秩序が築かれ、情報・通信や交通の発達、経済規模の拡大などによって国境を越えたつながりが深まってグローバル化が進んでいる一方、自国第一的、排他的な考え、国際競争の激化などが進んでいること、国境を越えた地球規模での環境問題が深刻化し、その影響が全世界的に出ていることなどについて整理します。

そして後半では、改めてこれからのあるべきグローバル化の姿や国際協調が必要なことについて気づかせ、その在り方を考察させます。今、中学生である生徒が社会で活躍するころには、予測できない地球的な課題に対応するため、国境を越えたグローバルな枠組みでの協力が必要なこと、それを主導していくのが生徒たちの世代であることなどに気づかせ、課題の解決を自分事として考えられるよう工夫します。

(4) 私たちが生きる現代社会（第4時）

単元の最終となる本時は、自分が生きる現代社会の実態について総合的に捉えさせ、これからの自分の在り方や必要なことについて考えさせます。ワークシートなどを活用しながら、単元の学習の成果を整理・活用し、多角的に考察させます。

本単元は、公民的分野の学習の導入ですから、細かいことにこだわり過ぎず、現代社会での生き方について大きく捉えられるよう配慮します。それぞれの考えを共有させたりしながら様々な考え方に触れさせ、いろいろな生き方があることにも気づかせましょう。

こうした学習活動を通して自身の考えを深めさせていき、本時で表現（論述）することが単元の評価の主たる材料となります。

■学習評価について

本単元の学習評価は、生徒の学習状況を適切に見取り、本単元の評価規準に従って評価していきます。各時では、学習課題に対して自身なりの回答が出せたかどうかが評価の骨格です。各時の前半で、現代社会の特色として少子高齢化、情報化、グローバル化などが見られることやその課題について地理的分野や歴史的分野の学習成果を生かしながら整理・分析し、理解できていれば「知識・技能」の観点はB評価になります。

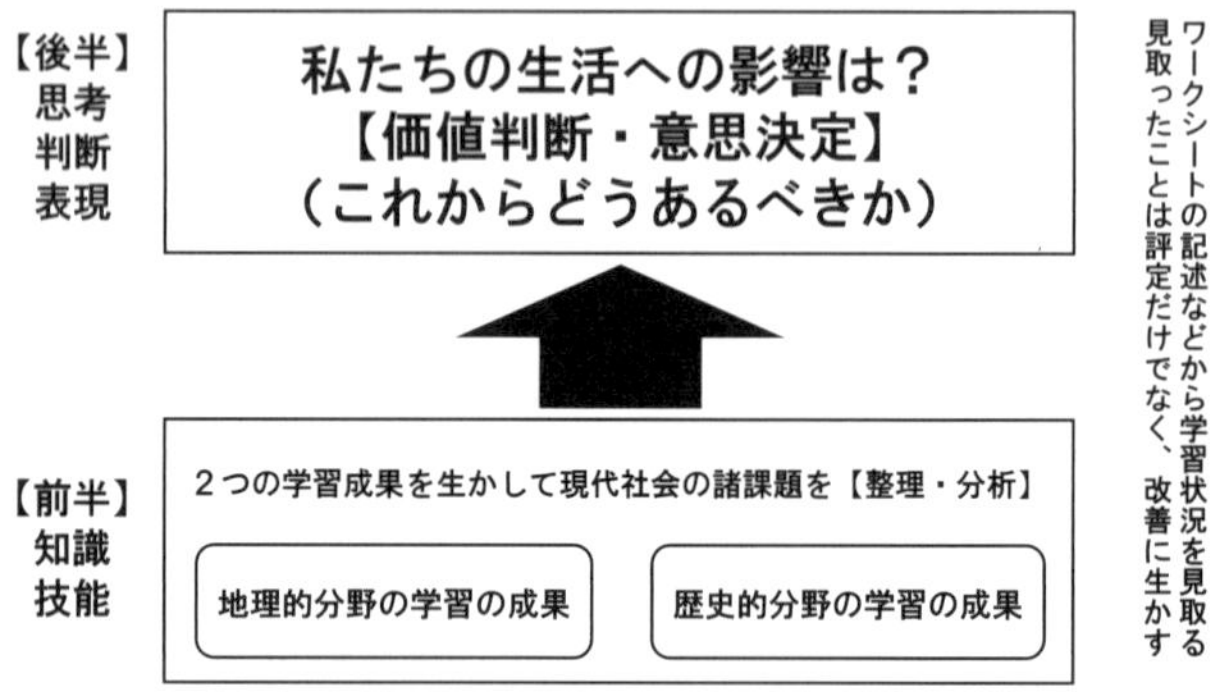
ワークシートの記述などから学習状況を見取る
見取ったことは評定だけでなく、改善に生かす
【後半】思考判断表現
私たちの生活への影響は？
【価値判断・意思決定】
（これからどうあるべきか）
【前半】知識技能
２つの学習成果を生かして現代社会の諸課題を【整理・分析】
地理的分野の学習の成果
歴史的分野の学習の成果

また、各時の後半で、少子高齢化、情報化、グローバル化などが現在と将来の政治や経済、国際関係に与える影響について多面的・多角的に考察し、表現できていれば、「思考・判断・表現」の観点はB評価です。ワークシートの記述等から生徒の学習状況を見取ります。

「主体的に学習に取り組む態度」の評価は、単元の評価規準である「少子高齢化、情報化、グローバル化などに着目して現代の社会的事象について関心を高め課題を意欲的に追究し、課題の解決を視野に主体的に社会と関わろうとしている」を単元全体で見取り、粘り強く学習を調整しながら追究できていればB評価とします。

第4時における評価は、最終の論述をもって評価します。「グローバル化が進む国際社会が私たちの生活に与える影響について、地理や歴史の学習成果や単元の学習の成果を生かしながら自分事として考察している」ものはB評価とします。これに加えて、これからの在り方について適切な価値判断や意志決定が含まれていればA評価になります。なお、見取ったことは、評定に活用するだけでなく、生徒の学習や教師の指導の改善にも生かしていきましょう。

2 教材選び

地理的分野　世界の諸地域　ヨーロッパ州（全6時間）

地図や景観写真から読み取った情報を活用して、ヨーロッパ州の特色を捉えよう

1　単元構成

(1) 目標

・空間的相互依存作用や地域などに着目して、ヨーロッパ州で顕在化している地球的課題やヨーロッパ州の地域的特色を大観し理解する。【知識及び技能】

・ヨーロッパ州において、地域で見られる地球的課題の要因や影響を、州という地域の広がりや地域内の結びつきなどに着目して、それらの地域的特色と関連づけて多面的・多角的に考察し、表現する。【思考力・判断力・表現力等】

・ヨーロッパ州について、よりよい社会の実現を視野に、そこで見られる課題を粘り強く調整しながら主体的に追究する。【学びに向かう力、人間性等】

(2) 評価規準

■知識・技能

・空間的相互依存作用や地域などに着目して、ヨーロッパ州で顕在化している地球的課題やヨーロッパ州の地域的特色を大観し理解している。

■思考・判断・表現

・ヨーロッパ州において、地域で見られる地球的課題の要因や影響を、州という地域の広がりや地域内の結びつきなどに着目して、それらの地域的特色と関連づけて多面的・多角的に考察し、表現している。

■主体的に学習に取り組む態度

・ヨーロッパ州について、よりよい社会の実現を視野に、そこで見られる課題を粘り強く調整しながら主体的に追究しようとしている。

（3）単元指導計画（学習課題）

①ヨーロッパ州の地形と気候（第1時）

・ヨーロッパ州の地形や気候にはどのような特色があるのだろうか

②ヨーロッパ州の文化や宗教の特色（第2時）

・ヨーロッパ州の文化や宗教は、地域によってどのような共通点や相違点があるのか

③EUの誕生と現在、そしてこれから（第3時）

・EUの現状と課題はどのようなものだろうか

④EUの影響を受ける産業①工業（第4時）
・EUの統合は、ヨーロッパ州の工業にどのような影響を与えたのか
⑤EUの影響を受ける産業②農業（第5時）
・EUの統合は、ヨーロッパ州の農業にどのような影響を与えたのか
⑥EUの課題とこれから（第6時）
・EUにはどのような課題があり、これからのEUはどのようにしていけばよいのか

2　探究的な学びのポイント

(1) 景観写真から地域の姿を読み取り、他の情報と関連づけて考察させる

本単元では、地域の姿を捉えさせる資料として、景観写真を多分に活用させるように配慮しました。

景観写真には地域の特色を示す様々な情報が含まれています。その情報をできるだけたくさん読み取らせ、それらの中から有用な情報を選び出していくといった学習活動を本単元では多く取り入れました。本文だけでは得られない有用な情報を資料から得てより深い学習を実現させます。また、このような学習活動を繰り返すことによって、文字では表されていない情報を自ら引き出す資料活用の技能を養っていきます。この技能は、他の地域の学習や生徒が社会に出た時にも使える汎用的な技能です。社会を見る目としての技能を繰り返し養います。

また、景観写真と他の資料とを組み合わせることにより、より深い考察が可能です。一つひとつの資料から読み取れる情報は目に見える事実ですが、この事実が複数集まると、目には見えない実態が見え

景観写真の活用

＜地域の実態が読み取れる＞

１枚の景観写真から

植物のようす
建物のようす
人々の服装・気候のようすがわかる

街並み
市場のようす…文化や食生活がわかる

畑のようす
工場のようす…農業や工業の特色

＜地域の見えないところが見えてくる＞

食事の写真から
地域の人々の食生活がわかる

＋

農産物の分布図や畑の景観写真から
食べ物がどこでどのように
生産されているかがわかる

資料からは読み取れない
地域の食文化が見えてくる

てきます。本時でも他の情報と関連づけることによって、より深い考察を進める場面を設定しました。

(2) デジタルの地図を活用して本文だけでは得られない情報を得る

本単元では、一人一台端末を使用し、デジタルの地図も活用する工夫を設定しました。デジタルの地図は、紙の地図にはない様々な機能があります。この機能を活用すれば、これまでは難しかった授業展開も容易に実現できる場面があります。活用できるデジタルの地図は、国土地理院の地理院地図のほか、世界の諸地域学習では、Google の Google マップや Google Earth が有効です。都市や道などの建造物の他、川などの自然環境の様子などがよくわかります。空中写真に切り替えて比べると、実際の様子がよりよくわかります。西アジアや北アフリカ学習で、砂漠地域で開発によってつくられた市街地を見たり（次ページ）、南アメリカ州の学習で熱帯林を伐採して開発された市街地の実態などを見たりするのは、デジタル地図が効果的に活用できる事例です。

本単元では、内陸の伝統的な工業地域が、国際河川の利用によって原燃料を結びつけて成立したところで、Google マップを活用する事例を盛り込みました。

オマーンの砂漠の中に開発された都市（地図）

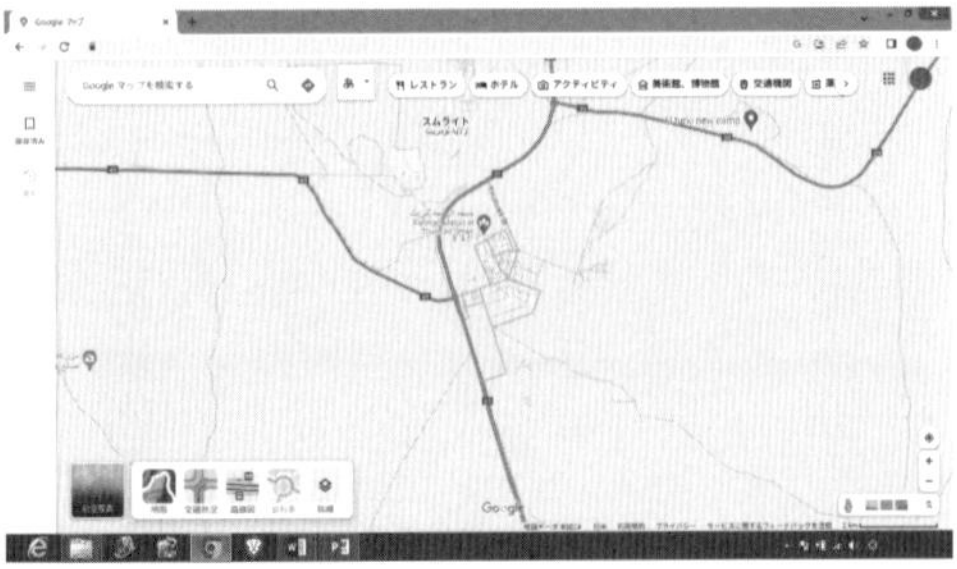

Googleマップより引用

オマーンの砂漠の中に開発された都市（空中写真）

Googleマップより引用

さらに拡大すると砂漠の中に開発された道や施設が見える

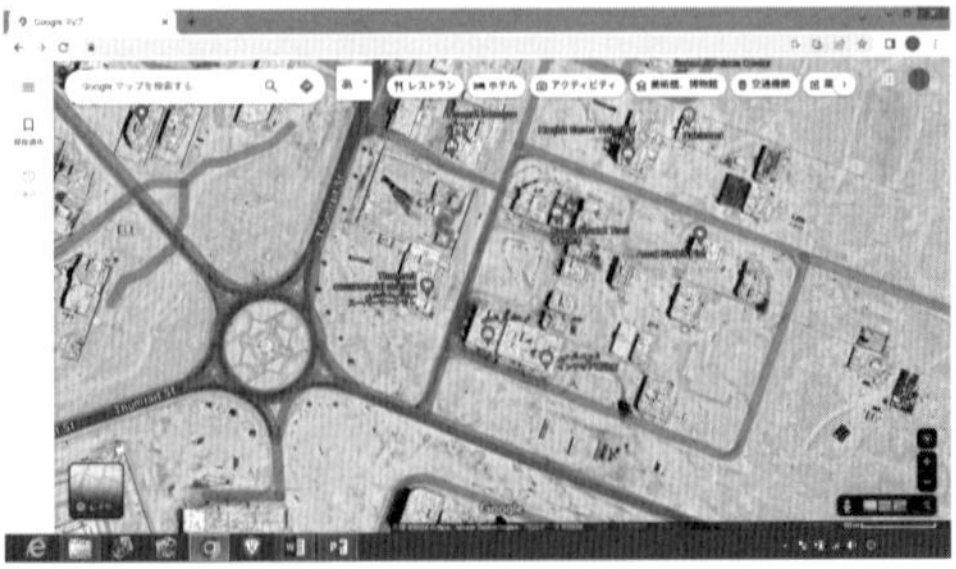

Googleマップより引用

3 単元展開

(1) ヨーロッパ州の地形と気候(第1時)

等高段彩図で地域を大観した後、ヨーロッパ州各地の景観写真を見て、実態をさらに詳しく読み取らせます。生徒が読み取ったことを自由に発言させ、それを整理しながらまとめます。また、複数の景観写真から読み取れることの共通性を導き出したり、雨温図と組み合わせたりすることによって、ヨーロッパ州は高緯度に位置するが、他の地域と比べて温暖であるという気候の特色を生徒に見いださせます。さらに、気象の様子を動画で見られるフリーソフトなどを活用して、他地域と比較して温暖なことや、偏西風の影響によるものであることなどを発見させます。

(2) ヨーロッパ州の文化や宗教の特色(第2時)

ここでは、キリスト教の宗派の分布図と使われている言語の分布図を重ね合わせて、その共通性を見つけさせます。また、北部、東部、西部で微妙に異なる点にも着目させ、広い視点ではキリスト教を背景にもった共通する文化をもちながらも、細かい点では地域によって異なるという多様性をもつ二重構造があることを見つけさせます。この共通性と多様性は、第3時の地域統合に大きく関係するので、第2時と第3時の関係性にも配慮します。

（3）EUの誕生と現在、そしてこれから（第3時）

ヨーロッパ州での地域統合は、狭いヨーロッパ州の中で細かく異なる民族や言語、宗教の対立が背景にあるという歴史的な経緯を、前時の学習の成果を踏まえて考えます。その後、二度にわたる大戦を経験したヨーロッパの人々が、平和なヨーロッパを目指したことに、戦後、経済力を高めたアメリカ合衆国などに小規模のヨーロッパ州の国々が対抗するという思いが加わり、他地域に先駆けて地域統合が進んだことを考察させます。学習では、EU加盟国の拡大の流れを示した分布図や国境付近の景観写真などの資料を活用しながら、地域統合が進んだことは地理的な要因が大きく関係したことをしっかりと捉えさせます。また、統合の前と後の人々の生活のようすを示す資料を比較して、その変化や利点などを捉えさせます。

（４）ＥＵの影響を受ける産業①工業（第４時）

ヨーロッパ州の工業地域は内陸に発展したものも多くあり、「重化学工業などの工業地域は原燃料の輸送を考えて沿岸部に立地する」というこれまでの学習で汎用化された知識との食い違いが生じます。これを、国際河川に着目して生徒に探究させます。

Googleマップでライン川の流れを調べると、川の途中で大きな港が見つかるはずです。そして、その地点を拡大させます。また空中写真も観察させます。ヨーロッパ州の国際河川の横にある工業地域は、大きな港を整備した沿岸部の工業地域の構造と同じなのです。港についた原燃料は、引き込まれた鉄道によって近くの工場まで運ばれます。このように、教科書の本文だけでは見えてこない地域の実態を、有効な資料を用いて補います。

ライン川沿岸に整備された港（地図）

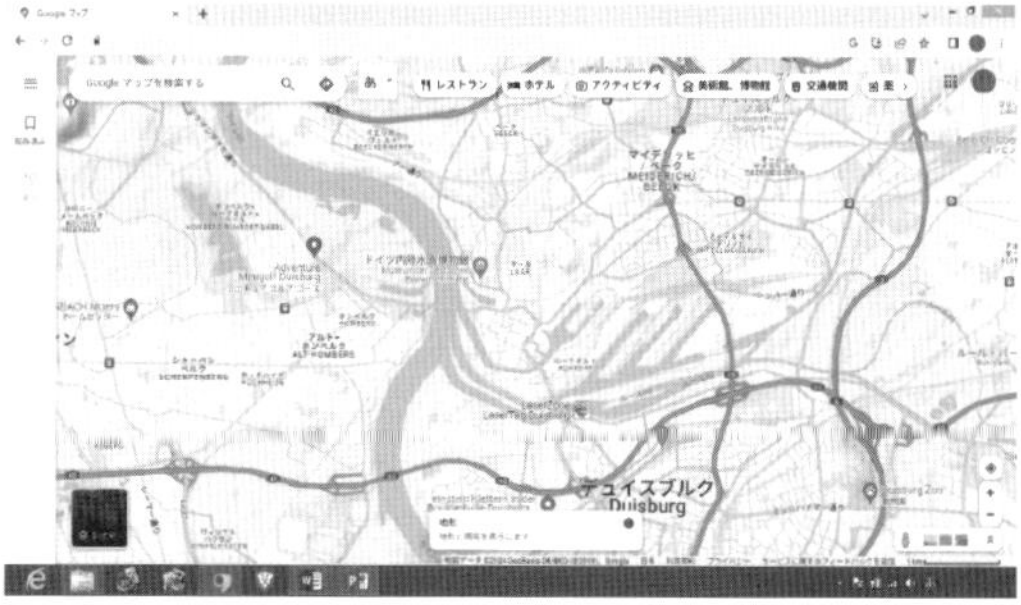

Googleマップより引用

（5）ＥＵの影響を受ける産業②農業（第5時）

ヨーロッパ州における農業分布とその特色については、農業地域の分布図や農地の景観写真を活用して調べさせます。そこから南部の地中海式農業、中央部の混合農業、北部の酪農の実態を捉えます。特に混合農業では、畑の色の違いに着目させます。

ＥＵの影響では、食料自給率の違いに着目させます。地域統合による農産物貿易の自由化に伴う利点や問題点を整理し、ＥＵ内でどのような対策が取られているかを調べます。

（6）ＥＵの課題とこれから（第6時）

１９９３年にＥＵが統合してから30年以上が経ちました。多くの利点があった地域統合ですが、今では問題点も多くなってきました。加盟国の増加につれて拡大した移民や地域格差がそれです。東ヨーロッパの国々では、優秀な人材の流出と西ヨーロッパ諸国との経済格差は深刻です。西ヨーロッパ諸国にとっても補助金支出などの負担は大きく、ＥＵの利点が薄れてくる中でのイギリスのＥＵ離脱は、各国に大きな影響を与えました。

地域統合は他の地域でも構想され、これからの国際社会を考える大きな視点となります。ヨーロッパ州における地域統合のこれからを、地域の人々の立場に立って探究させます。

■学習評価について

各授業で考察した結果を評価するほか、最終時での論述が、本単元における大きな評価材料となります。そのB評価の基準は次の通りです。

ヨーロッパ州における地域統合の歴史的背景や地域の人々の思いを踏まえ、地域統合の理念や利点を把握した上で、現在のEUの問題点を明確にしながら、課題の解決やこれからの地域統合の在り方を、地域の人々の立場に立って考察し表現している。

この評価基準に照らしておおむね満足のいく回答であればB評価とします。さらに現在のEUの問題点の分析がより明確なものや課題の解決やこれからの地域統合の在り方についてより具体的、論理的に構想されているものなどはA評価となります。

主体的に学習に取り組む態度の評価は各時間の学習内で様々な資料を工夫して活用していたり、工夫して探していたりするなど、粘り強く自己調整をしながら学習を進め、EUの課題の解決やこれからの地域統合の在り方を深く探究したところを評価します。

3 発問（問い）

地理的分野　日本の諸地域　中国・四国地方（全6時間）

単元を貫く問いと毎時の問いについて考え、地域的特色を見いだそう

1　単元構成

(1) 目標

・中国・四国地方の地域的特色や地域の課題とともに、事象間の関係性を理解する。【知識及び技能】

・空間的相互依存作用や地域などに関わる視点に着目して、中国・四国地方の特色ある地理的な事象を他の事象と関連づけて多面的・多角的に考察し、表現する。

【思考力・判断力・表現力等】

・中国・四国地方の在り方について、地域の人々の立場に立ったよりよい地域や生活向上の実現に向けて、そこで見られる課題を主体的に粘り強く改善しながら追究する。

【学びに向かう力、人間性等】

(2) 評価規準

■知識・技能

・中国・四国地方について、その地域的特色や地域の課題を理解している。
・交通や通信を中核とした考察の仕方で取り上げた他地域との結びつきに関連する事象や、そこで生ずる課題を理解している。

■思考・判断・表現

・交通や通信による他地域との結びつきの成立条件を、地域の広がりや地域内の結びつき、人々の対応などに着目して、他の事象やそこで生ずる課題と有機的に関連づけて多面的・多角的に考察し、表現している。

■主体的に学習に取り組む態度

・中国・四国地方について、よりよい地域や人々の生活向上の実現を視野に、そこで見られる課題を主体的に追究しようとしている。

(3) 単元指導計画(各自の学習課題と主な問い)

①中国・四国地方の自然環境(第1時)

●中国・四国地方は、どのように他地域と結びついているのか

・中国・四国地方の地形の特色は何か

・中国・四国地方の気候の特色は何か

・中国・四国地方と他地域との結びつきとはどのようなものか

②本州と四国の連結による人々の生活の変化（第2時）

●中国・四国地方の人々の生活は、他地域との結びつきによりどのように変化したのか

・本州四国連絡橋によって四国地方の人々の生活はどのように変化したのか

・高速道路の発達によって中国地方の人々の生活はどのように変化したのか

③他地域との競争による農業の克服と発展（第3時）

●中国・四国地方の農業は、他地域との競争のなかでどのような工夫をしたのだろうか

・瀬戸内のみかん栽培は厳しい競争の中でどのような工夫をしてきたのか

・南四国の野菜づくりは他地域との結びつきを生かしてどのような工夫をしてきたのか

④瀬戸内海の利点を生かした工業の発展（第4時）

●中国・四国地方の人々は、どのように瀬戸内海の利点を生かして工業を発展させたのか

・瀬戸内海沿岸のコンビナート形成は瀬戸内海の利点を生かしてどのように行われたのか

・輸送機械工業は瀬戸内海の水運を生かしてどのように発達したのか

⑤他地域との結びつきを生かした地域おこし（第5時）

●過疎化や高齢化は進む地域は、どのように他地域との結びつきを生かして地域おこしを進めているのだろうか

・山陰地方では、どのような歴史と伝統を他地域に発信した地域おこしを進めているのか

・山陰地方の観光業は、どのように他地域との結びつきを生かして進めているのか

⑥他地域との結びつきから見た中国・四国地方のまとめ（第6時）

●他地域との結びつきは、中国・四国地方の人々の生活にどのような影響を与えたのだろうか

・他地域との結びつきと中国・四国地方の人々の生活との変化を図化しよう

・図化して整理したものを基に、単元を貫く問いに対する回答と中国・四国地方の特色を、文章で記述しよう

2 探究的な学びのポイント

(1) 単元の目標に基づく単元を貫く問いの設定

本単元の学習を設計する際に意識したのは、単元の目標に基づいた、「単元を貫く問い」の設定です。地域的特色の理解、特色ある事象間の関連、課題追究の達成に向けて「他地域との結びつきは、中国・四国地方の人々の生活にどのような影響を与えたのだろうか」という問いを立てました。各時の授業では地域の生活、農業、工業、過疎といった視点からさらに具体化された問い（学習課題）を立て、多面的・多角的に迫っていけるよう工夫しています。こうした問いの追究を重ねる中で探究的な学びを実現します。

(2) 単元を貫く問いと各時の学習課題、主な問いを関連づけた単元構造

本単元（全6時間）は、単元の目標を基に地誌学習の本質的な問いと単元を貫く問いを設定し、「生活」（第2時）、「農業」（第3時）、「工業」（第4時）、「過疎」（第5時）という視点で中国・四国地方の地域的特色や課題を各時の問いを通して明らかにしていきます。

単元を貫く問と各時の学習課題、主な問いを関連付けて単元の学習を構成し、学習目標の達成をねらう

◆地誌学習の本質的な問い
中国・四国地方とはどのような地域で、人々はどのような生活をしているのだろうか
◆単元を貫く問い
他地域との結びつきは、中国・四国地方の人々の生活にどのような影響を与えたのだろうか

中国・四国地方の自然環境

地形の特色	気候の特色
＊中国・四国地方の地形の特色は何か	＊中国・四国地方の気候の特色は何か
中国・四国地方と他地域との結びつき	
＊中国・四国地方と他地域との結びつきとはどのようなものか	

中国・四国地方と「他地域との結びつき」との関係

生活	農業	工業	過疎
中国・四国地方の人々の生活は、他地域と結びついたことによりどのように変化したのか ＊本州四国連絡橋によって四国地方の人々の生活はどのように変化したのか ＊高速道路の発達によって中国地方の人々の生活はどのように変化したのか	中国・四国地方の農業は、他地域との競争のなかでどのような工夫をしてきたのだろうか ＊瀬戸内のみかん栽培は厳しい競争の中でどのような工夫をしてきたのか ＊南四国の野菜づくりは他地域との結びつきを生かしてどのような工夫をしてきたのか	中国・四国地方の人々は、どのように瀬戸内海の利点を生かして工業を発展させたのか ＊瀬戸内海沿岸でのコンビナート形成は瀬戸内海の利点を生かしてどのように行われたのか ＊輸送機械工業は瀬戸内海の水運を生かしてどのように発達したのか	過疎化や高齢化は進む地域は、どのように他地域との結びつきを生かして地域おこしを進めているのだろうか ＊山陰地方では、どのような歴史と伝統を他地域に発信した地域おこしを進めているのか ＊山陰地方の観光業は、どのように他地域との結びつきを生かして進めているのか

中国・四国地方の人々の生活 「他地域との結びつきは、中国・四国地方の人々の生活にどのような影響を与えたのだろうか」
生徒の回答

中国・四国地方とは、どのような地域なのだろうか
生徒の回答

※この整理を基にして中国・四国地方の地域的特色を文章で記述させる
※発展的な発問・・・「他地域との結びつき」とは、地域にとってどのようなものなのだろうか

3 単元展開

(1) 中国・四国地方の自然環境(第1時)

第1時で地域学習の土台となる自然環境について確認します。「中国・四国地方は、地図のどこにあるのだろう?」といった発端の問いから入り、位置や分布など地理的に重要な点を確認します。略地図で表現させるとよいでしょう。その後、地形の特色、気候の特色を生徒とキャッチボールしながら確認していきます。

(2) 本州と四国の連結による人々の生活の変化(第2時)

他地域との結びつき(空間的相互依存作用)は、本単元の学習の中で重要な地理の見方・考え方であり、中核的な考察です。第2時は、それが存分に発揮される時間となるので、特にこだわりたいところです。

本時では、交通や通信の発達による結びつきの変化と、それに伴う人々の生活の変化を、多面的(よさと課題)・多角的(いろいろな人の立場)に分析します。中国・四国地方は結びつきによる変化が顕著に表れた地域なので、後に生かせる汎用化した知識にまで昇華させることが大切です。

（3）他地域との競争による農業の克服と発展（第3時）

瀬戸内のかんきつ類生産は、外国産かんきつ類の輸入拡大で大変厳しい状況にある中、様々な工夫で乗り越え、発展してきた好事例です。


様々な種類のかんきつ類が並ぶ店先の写真を教材にして、

「なんでこれほどたくさんの種類があるのだろう？」

「なんでこんなに高いみかんがあるのだろう？」

といった発問を通して、品種改良によって実現した収益確保の実態を追究させます。


南四国の促成栽培は、消費地から遠いという弱点を交通網の発達によって克服し、全国にいる消費者の多彩なニーズを満たしていることに気づかせます。

（4）瀬戸内海の利点を生かした工業の発展（第4時）

本時の導入は、歴史学習の学びを生かした発端の問いから入るのがおもしろいです。

「平安時代、瀬戸内海はどんな役割を果たしていた?」
「平清盛は、瀬戸内海をどう利用していた?」

といった問いが浮かびます。瀬戸内海が昔からの交通路であり、交通の利便性を生かして瀬戸内が発達してきたことをまず、生徒の念頭に置くのです。

そして、現代の臨海部における工業の発展へとつなげていきます。

(5) 他地域との結びつきを生かした地域おこし(第5時)

山陽、瀬戸内が発展していくのとは対照的に工業化が進まなかったのが山陰です。京都や大阪、神戸といった都市部に近いようですが、交通網の関係などもあり陸路は案外遠いです。岡山、広島からも中国山地を越えていかなくてはなりません。冬は結構雪が降る日本海岸の気候なので、空路も厳しいものがありました。このような状況下で過疎化が進み、地域の大きな課題となっています。

それらの事例を活用しながら「なぜ?」や「どうしたらいい?」の問いは生徒の心を駆り立て、探究的な学習へと誘ってくれます。

（6）他地域の結びつきから見た中国・四国地方のまとめ（第6時）

それぞれに展開してきた学習の成果をつなげ、本単元の学習の成果としてまとめます。まず、これまでの学習の成果を整理・分析します。単元構造図を土台としたワークシートを用意して、学習の成果を構造的に整理・分析させます。

次に完成した図を基にして単元を貫く問いに答えます。本単元の学習では、常に「他地域との結びつきは、中国・四国地方の人々の生活にどのような影響を与えたのだろうか」を念頭に置いた指導を進めてきました。いよいよその回答を生徒に考察、表現させます。

さらには、「中国・四国地方とはどのような地域で、人々はどのような生活をしているのだろうか」という地誌学習の本質的な問いも考察、表現させます。

■学習評価について

授業ごとに様々な評価場面を設定し、評価材料を収集しますが、発問（問い）は評価にも関わってきます。目標の実現を意識しながら問いを立てる→生徒が問いの意味を理解して答えるという一連の学習活動の中で、問いに対する生徒の回答から学習状況を読み取り、評定や指導に生かしていくということも想定しながら発問づくりを行うとよいでしょう。

学習評価の主となるのは、第6時に設定した、まとめの学習課題の場面です。「図化して整理したものを基に、単元を貫く問いに対する回答と中国・四国地方の特色を、文章で記述しよう」という学習課題に対する回答を次の評価基準で評価します。

A評価　B評価の基準を十分に満たし、よりリアルな内容や地域への実感がある。
B評価　単元の学習の成果を生かし、他地域との結びつきが中国・四国地方の人々の生活に与えた影響を中心に、中国・四国地方という地域の特色を多面的・多角的に考察し、自らの言葉で表現している。
C評価　他地域との結びつきが中国・四国地方の人々の生活に与えた影響についての考察や、中国・四国地方の地域的特色の考察が不十分である。

なお、評価基準は課題と同時に示すと目標が定まり、より正確な実力が発揮されます。

4 学習評価

歴史的分野　近世の日本　江戸幕府の成立と対外関係（全6時間）

単元を貫く問いを考え抜くことで、幕藩体制による支配の確立を見いだそう

1　単元構成

（1）目標

・江戸幕府の成立と諸政策、対外政策や対外関係などを基に、幕府と藩による支配が確立したことを理解する。【知識及び技能】

・統一政権の諸政策の目的に着目して、事象を相互に関連付けるなどして、江戸幕府の成立と対外関係について近世の社会の変化を多面的・多角的に考察し、表現する。【思考力・判断力・表現力等】

・近世の日本、特に江戸時代初期の日本について、当時の人々の立場に立ったよりよい社会の実現を視野に入れながら、そこで見られる課題を主体的に粘り強く改善しながら追究する。【学びに向かう力、人間性等】

(2) 評価規準

■知識・技能

・江戸幕府の成立と諸政策、対外政策や対外関係などを基に、幕府と藩による支配が確立したことを理解している。

■思考・判断・表現

・統一政権の諸政策の目的に着目して、事象を相互に関連付けるなどして、江戸幕府の成立と対外関係について近世の社会の変化を多面的・多角的に考察し、表現している。

■主体的に学習に取り組む態度

・近世の日本、特に江戸時代初期の日本について、当時の人々の立場に立ったよりよい社会の実現を視野に入れながら、そこで見られる課題を主体的に粘り強く改善しながら追究している。

(3) 単元指導計画(学習課題と主な学習内容)

①江戸幕府が築いた幕藩体制(第1時)

●江戸幕府はどのような仕組みで大名や朝廷を統制したのだろうか

・江戸幕府が開かれるまでの過程を理解する

・江戸幕府の仕組みを、これまでの幕府の仕組みと比較しながら理解する

・幕府と諸藩との関係や大名・朝廷の統制に関する工夫やねらいを考える

②江戸幕府による外交政策と変化(第2時)

●江戸幕府は貿易とキリスト教の布教に対してどのような対応をしたのだろうか

・江戸幕府が、利益獲得を目指して幕府の統制下で貿易を進めたことを理解する

・キリスト教による幕府支配の妨げの拡大によって貿易に変化があったことを理解する
・貿易の利益とキリスト教による影響の間で、江戸幕府はどのような判断をしていったかを考える

③江戸幕府と国際情勢（第3時）

●江戸幕府は、貿易統制下で諸外国とどのようなつながりをもったのだろうか
・江戸幕府が行った貿易統制の仕組みを理解する
・貿易が許された中国とオランダとの貿易や朝鮮との関係について理解する
・江戸幕府による貿易統制が長く続くことによる幕府と諸藩との違いを考える

④琉球王国やアイヌの支配（第4時）

●江戸幕府は、琉球や蝦夷地とどのような関係をもち、支配していったのだろうか
・江戸幕府は、薩摩藩を通じて琉球王国とどのような関係にあったのかを理解する
・江戸幕府は、松前藩を通じてアイヌの人々とどのような関係にあったのかを理解する
・江戸幕府が琉球や蝦夷地を支配することによって、どのような利益を得たのかを考える

⑤身分制度と人々の生活（第5時）

●江戸時代の身分制度と人々の生活はどのようなものだったのだろうか
・江戸時代の身分制度の仕組みを理解する
・江戸時代の身分制度のもとで暮らす人々の生活のようすを考える

⑥単元の学習のまとめ（第6時）

●なぜ、江戸幕府は約260年も全国を支配したのか
・各時の学習内容と各時で考えた単元を貫く問いに対する回答を確認する
・学習の成果や各時で考えた単元を貫く問いの回答を総合して、問いの結論を考える
・各自の結論を発表し合い、熟議する

※各時の終末に、「思考を深めるTREEシート」（次ページ）を用いて、各時の学習テーマに沿いながら、学習したことを踏まえて単元を貫く問いに対する自分の回答を考える時間を設定する。

【思考を深めるＴＲＥＥシート】　単元名＜江戸幕府がおこなった政治＞

単元の学習を通じて考えた結論

だから、「江戸幕府が約260年も全国を支配した」と私は考える！

第5時「身分制度と人々の生活」

各時の学習の成果や各時で考えた単元を貫く問いの回答を総合して結論を考えよう！

第4時「琉球王国やアイヌの支配」

第3時「江戸幕府と国際情勢」

第2時「江戸幕府による外交政策と変化」

第1時「江戸幕府が築いた幕藩体制」

各時の学習テーマに沿いながら学習したことを踏まえて単元を貫く問いに対する自分の回答を書いていきましょう！

単元を貫く問い「なぜ、江戸幕府は約260年も全国を支配したのか」を、各時を通じて考え抜こう！

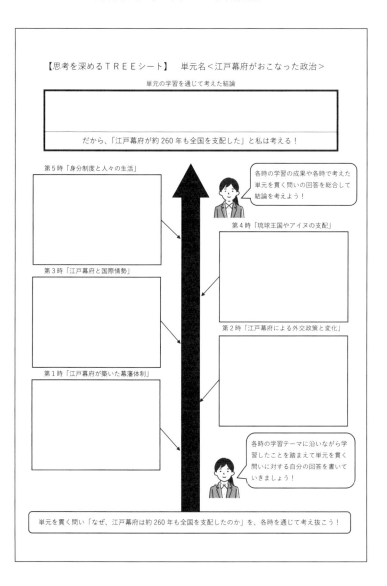

2　探究的な学びのポイント

（1）単元の学習全体を通じて、単元を貫く問いを考え抜く単元構成

本単元の学習は、各自の学習テーマに沿いながら単元を貫く問い「なぜ、江戸幕府は約260年も全国を支配したのか」を考え抜き、第6時に設定したまとめの時間でそれぞれが考えてきた回答を総括して、総合的に単元を貫く問いに答える、という設計にしました。

単元を貫く問いは、単元の目標の実現に向かっていく推進力です。問いを考え抜くことで、単元の目標に迫ります。しかし、単元を貫く問いを考えるといっても、一面的な見方で安易に答えてしまうケースが見受けられます。そうならないために、各時で考えた回答を練り合わせるという発想に至りました。この学習活動を効率よく進めるためのツールが「思考を深めるＴＲＥＥシート」です。単元を貫く問いという種を蒔き、各時の枝葉で考えたことを栄養分として茎から吸い上げ、単元の学習を通じて考えた結論という花を咲かせるというイメージをもちながら学習を進めていきます。

（2）主体的に学習に取り組む態度の評価

主体的に学習に取り組む態度の評価は、どの先生も悩んでいることでしょう。国立教育政策研究所の『学習評価の在り方ハンドブック　小・中学校編』（2019）には、次のように書かれています。

> ①知識及び技能を獲得したり、思考力、判断力、表現力等を身に付けたりすることに向けた粘り強い取組を行おうとする側面と、②①の粘り強い取組を行う中で、自らの学習を調整しようとする側面、という二つの側面から評価することが求められる。

主体的に学習に取り組む態度を評価する側面として「粘り強さ」「自己調整力」の2点があげられています。自己調整については、さらに「自らの学習状況を把握し、学習の進め方について試行錯誤するなどの意思的な側面」と説明されています。

「思考を深めるTREEシート」の記述や記述を活用した協働的な学習場面から、粘り強さと自己調整力を適切に見取り、評価します。知識及び技能や思考力、判断力、表現力等との乖離がある場合、学習の進め方を適切に指導することも求められます。

3　単元展開

（1）江戸幕府が築いた幕藩体制（第1時）

ここでは、関ケ原の戦いから江戸幕府の成立あたりまでの流れを理解させます。その際、生徒には、家康の立場や気持ちになって歴史的事象への判断をするように促します。

幕府の仕組みについては、鎌倉幕府や室町幕府の仕組みと比較しながら、共通点や相違点を見つけながら江戸幕府の工夫について考えさせます。

そして、幕府と藩の関係や配置、大名や朝廷の統制などを理解させた後、単元を貫く課題への回答を考えさせます。「江戸幕府の成立時から大名や朝廷をしっかりと統制する仕組みをつくることができたからこそ、江戸幕府は約２６０年も全国を支配できた」といった回答であれば、Ｂ評価（おおむね満足）とします。

（2）江戸幕府による外交政策と変化（第2時）

冒頭では、「鎖国」の意味を生徒に問い、自由に答えたものを黒板やスライドに残しておきます。「外国と接触しない」「貿易をしない」「外国の文化を入れない」など閉鎖的な側面で捉えがちですが、生徒が答えたものも活用しながら、江戸幕府がキリスト教の影響を排除しながら貿易の利益や海外の情報を上手に独占していき、諸大名が海外とつながり力を拡大することを防いだという、貿易統制としての鎖国の本質を理解させていきます。

江戸幕府が利益獲得を目指して幕府の統制下における貿易を進めたことを理解させる学習では、17世紀における東アジアの貿易地図を活用します。日明貿易の学習を思い出させながら、アジア貿易の利益を江戸幕府が掌握したことに気づかせます。そして、キリスト教が国内に広がり、江戸幕府の支配の妨げになってくると江戸幕府の方針が変わっていくという貿易の変化を総合的に理解させます。

禁教政策は反乱につながることもあったことから、江戸幕府の立場でどのような判断をしていったのかを考える学習を本時の後半で行います。

終末では、単元を貫く問いに対して、「江戸幕府は、貿易を統制することでキリスト教の影響を排除しながら貿易の利益を獲得する仕組みをつくることができたからこそ、約260年も全国を支配できた」といった回答であれば、B評価（おおむね満足）とします。

（3）江戸幕府と国際情勢（第3時）

冒頭では、江戸幕府が貿易を統制するとともに日本人の海外渡航を禁じた政策を、後に「鎖国」と言うようになったことや、前時の学習を振り返りながら、鎖国とは国を閉ざしてしまうことではなく、キリスト教の影響を防ぎながら貿易の利益や海外からの情報を江戸幕府が掌握していった貿易統制であることを確認させ、江戸幕府の貿易統制下における日本と諸外国とのつながりを追究します。

江戸幕府が行った貿易統制の仕組みを理解させる場面では、外国との窓口となった長崎、対馬、薩摩、松前を地図で確認します。特に、長崎は幕領であり、江戸幕府自ら貿易を行いました。後に平戸のオランダ商館が長崎の出島に移されたところの学習では、外国文化の影響が多くみられる長崎の様子などの資料を活用して、生徒の興味関心を生かしながら理解を促します。

次に、貿易が許された中国とオランダとは、積極的な交流があったことを理解させます。ここでは、このころ中国では明に代わって清が成立したことや、「オランダ風説書」によって海外事情を江戸幕府が独占していたこと、朝鮮からは朝鮮通信使がたびたび訪れ、日本と交流が行われていたことにも触れます。

終末では、単元を貫く問いに対して、「江戸幕府は、貿易を統制する中で貿易の利益と海外情報を掌握し、諸藩との格差を広げることができたからこそ、約260年も全国を支配できた」というような回答であれば、B評価（おおむね満足）とします。

（4）琉球王国やアイヌの支配（第4時）

琉球王国との関係では、室町時代における東アジア貿易の学習の成果も生かしながら、貿易で栄えていた琉球王国を取り込んでいきながら、その利益を得ていたことを理解させます。その際、薩摩藩の動きに着目させ、幕府、薩摩藩、琉球王国それぞれが思いをもちながら関係を構築していったことを捉えさせます。アイヌの人々と幕府との関係の中でも、松前藩の位置に着目させ、アイヌの文化についても触れていきます。こうして統制の中にも交易や交流が見られたことに気づくことができるよう、授業の流れを工夫します。

後半では、琉球王国やアイヌの支配の歴史的な知識を整理し、江戸幕府が琉球や蝦夷地を支配することによって、どのような利益を得たのかを考えます。

終末では、単元を貫く問いに対して、「江戸幕府は、薩摩藩や松前藩との関係をもちながら支配を進める中で利益を得ていき、統制の中にも交易や交流を上手に進めていったからこそ、約２６０年も全国を支配できた」といった回答であれば、Ｂ評価（おおむね満足）とします。

（5）身分制度と人々の生活（第5時）

これまでは幕府や諸藩など世の中を動かしていく側に立って歴史を見てきましたが、この時間は視点を大きく転換し、庶民の立場に立って考えることを授業冒頭で確認します。そして、江戸時代の身分制度やその仕組みを理解させます。現代の平等社会とは大きく異なる封建社会の中で、支配する人々はどのようなことをねらってこうした仕組みを整えていったのかを考えさせましょう。

授業の後半では、江戸時代の身分制度のもとで暮らす人々の生活のようすを、実感をもたせながら考えさせます。現代の人権が保障された平等社会に生きる生徒たちは、生活の苦しい部分ばかりに着目しがちですが、様々な資料を活用して、多面的・多角的に考えられるよう配慮したいところです。こうした学習の中で、当時の人々がそれぞれの身分の中で職分を果たしていたこと、人口の多数を占めた農民が村を生活の基盤として農作業などで助け合いながら暮らしていたこと、農村が幕府や藩の経済を支えていたことなどに気づかせます。

終末では、単元を貫く問いに対して、「江戸幕府は、明確な身分制度をつくることによって職分を進め、人口の多数を占めた農民を統制し、農村が幕府や藩の経済を支える構造をつくったからこそ、約２６０年も全国を支配できた」といった回答であれば、B評価（おおむね満足）とします。

(6) 単元の学習のまとめ（第6時）

本時では、単元の各時で考えてきたことを総括して、単元を貫く問い「なぜ、江戸幕府は約２６０年も全国を支配したのか」に回答させます。

はじめに、各時の学習内容と各時で考えた単元を貫く問いに対する回答を確認させます。このときに補足することがあればつけ加えさせます。

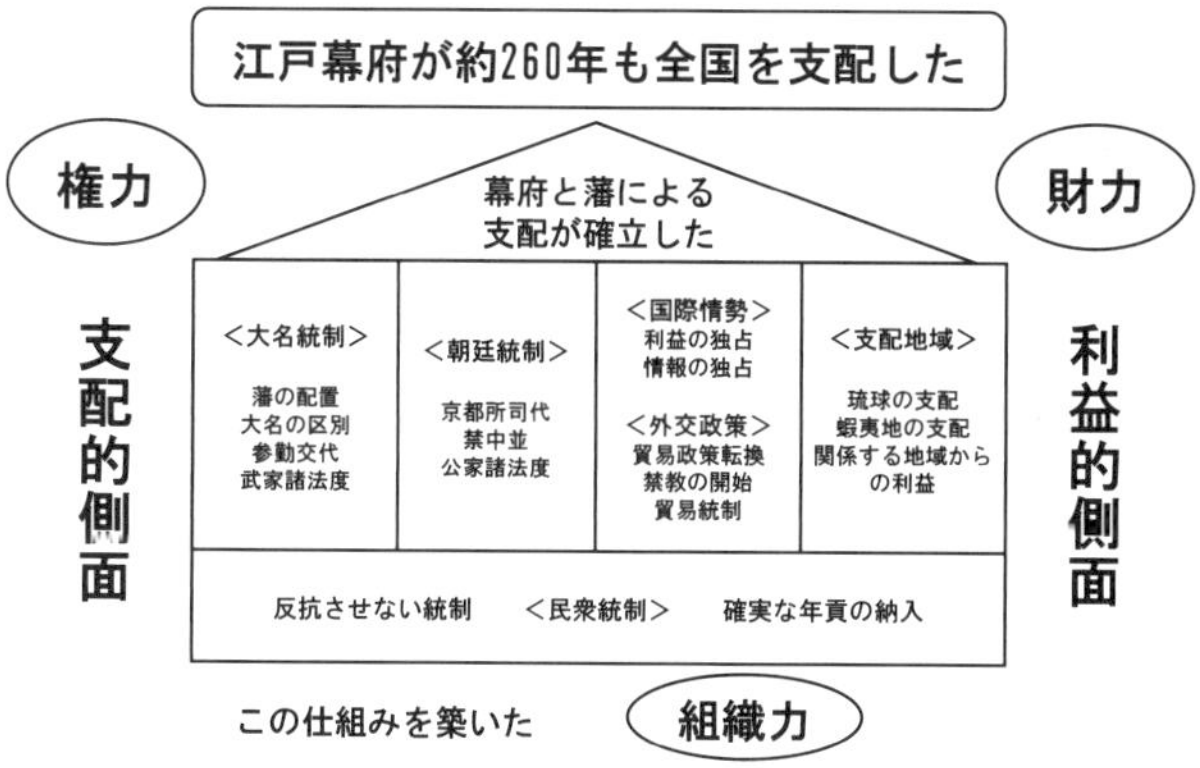

そして、問いの結論を考えさせます。思考の過程では、協働させたり一人一台端末を活用させたりして、より深い思考につながるよう配慮します。

そして、各自の結論がまとまってきたところで自身の結論を発表し合い、課題に対しての熟議を進め、単元を貫く問いを徹底的に考えさせます。

■学習評価について

主体的に学習に取り組む態度の評価材料は、前述の「思考を深めるTREEシート」に書かれた内容です。第1時から第5時まで書き続けてきた、単元を貫く問いに対する回答を分析しましょう。そこから、粘り強さと自己調整力の状況を見取り、評価します。

このとき、粘り強さと自己調整力のどちらか一方

粘り強さと自己調整力…どちらもバランスよく

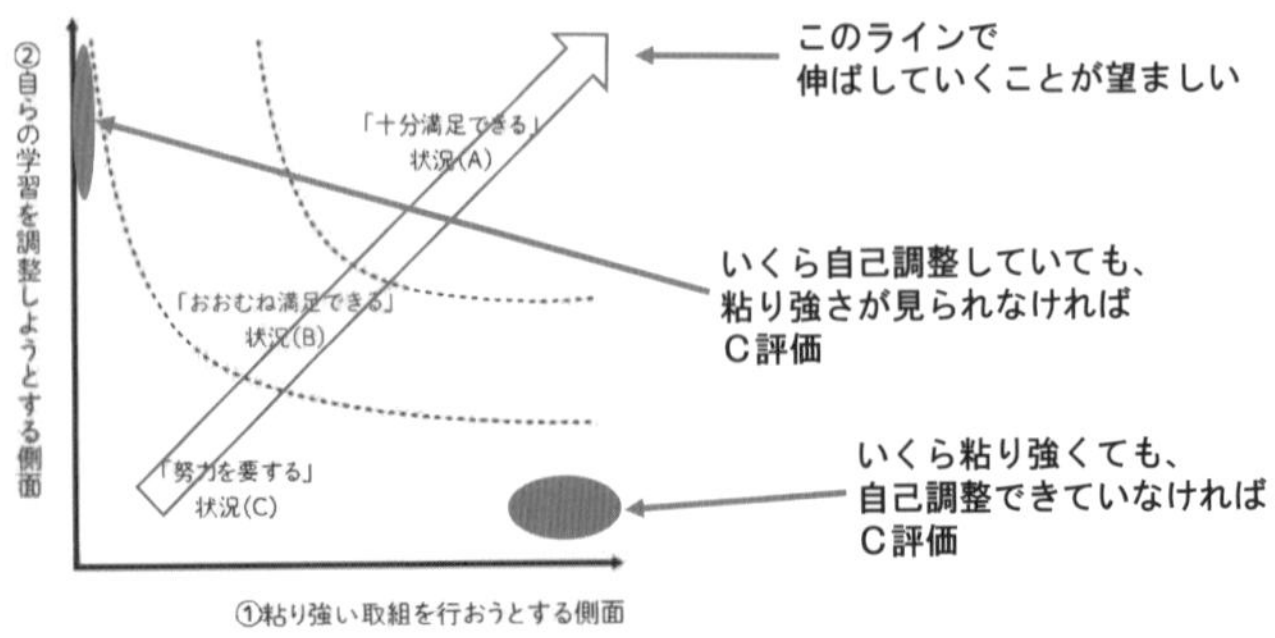

が優れていて、もう一方はそれほどでもないというような偏った状況にある場合は高評価にはなりません。

第６時における、単元を貫く問いに対する結論の記述からは、思考力、判断力、表現力等を見取ります。

以下が、Ｂ評価の基準になります。

単元各時の学習内容を生かしながら考えてきたことを総合的に関連づけ、歴史的な事象などに反することなく、自身の考えを構築している。

このＢ評価に対して、より多面的・多角的に考えられているものや、より深く考えられているものなど、特に優れていると判断されるものはＡ評価になります。

5　ICT活用

地理的分野　世界と日本の地域構成　日本の地域構成（全5時間）

ICT機器を活用して、日本の地域構成の特色を捉えよう

1　単元構成

(1) 目標

・日本の地域構成を取り上げ、位置や分布などに着目して我が国の国土の位置、世界各地との時差、領域の範囲や変化とその特色などを基に、日本の地域構成を大観し理解する。

・位置や分布などに着目して日本の地域構成の特色を、周辺の海洋の広がりや国土を構成する島々の位置などに着目して多面的・多角的に考察し、表現する。【知識及び技能】【思考力・判断力・表現力等】
・日本の地域構成について、よりよい社会の実現を視野に、そこで見られる課題を主体的に追究しようとする。【学びに向かう力、人間性等】

(2) 評価規準

■知識・技能

・日本の地域構成を取り上げ、位置や分布などに着目して我が国の国土の位置、世界各地との時差、領域の範囲や変化とその特色などを基に、日本の地域構成を大観し理解している。

■思考・判断・表現

・位置や分布などに着目して日本の地域構成の特色を、周辺の海洋の広がりや国土を構成する島々の位置などに着目して多面的・多角的に考察し、表現している。

■主体的に学習に取り組む態度

・日本の地域構成について、よりよい社会の実現を視野に、そこで見られる課題を主体的に追究しようとしている。

（3）単元指導計画（学習課題）

①世界から見た日本の位置（第1時）

・日本は、世界から見てどのような位置にあり、どのような特色があるのだろうか

②世界の時間と日本の時間（第2時）

・日本の時間と世界各国の時間とにはどのような関係があるのだろうか

③世界や日本の領域（第3時）

・日本の領域にはどのような特色があるのだろうか

④日本の地域区分（第4時）

・都道府県や県庁所在地は、自然及び社会的条件とどのような関係があるのだろうか

⑤日本の地域構成の特色（第5時）

・日本の地域構成には、どのような特色があるのだろうか

2　探究的な学びのポイント

（1）各時間の学習に即したICT機器の活用

本単元は、日本の地域構成に関して、位置、時差、領域、区分といった様々な要素を学習します。そこで、各時間での学習に合わせたICT機器の活用を工夫します。

日本の位置を捉えるにあたっては、Google Earthをデジタル地球儀として実物の地球儀と併用します。実物の地球儀をグループで協働しながら観察させるとともに、一人一台端末でデジタル地球儀を起動して自分ならではの視点で観察させ、アナログとデジタル双

方のよさを生かします。

また、領域の学習では、ウェブ上に公開されているライブカメラの映像を活用します。写真や動画とあわせてライブカメラの画像を併用することによって、生徒に日本の領域の姿をよりリアルに感じ取らせることができます。

このように、各時間の学習内容に即してＩＣＴ機器を活用し、授業の目的をより確実に達成できるようにします。

(2) 授業に合わせたオリジナル教材の作成

ＩＣＴ機器が多彩な機能をもっているといっても、授業で必要なことにぴったりはまらないことも多いのではないでしょうか。使い方にちょっと工夫が必要な場面もあると思います。そのようなときは、気

A世界と日本の地域構成(2)　日本の地域構成におけるＩＣＴ機器の活用例

	授業タイトル	ＩＣＴの活用
①	世界から見た日本の位置	Google Earth、地理院地図Globe（デジタル地球儀）
②	世界の時間と日本の時間	スプレッドシート、デジタル動画
③	世界や日本の領域	ライブカメラ、webの動画
④	日本の地域区分	webの動画、webで検索、デジタル白地図
⑤	日本の地域構成の特色	デジタルホワイトボード

軽に自分なりのアレンジや工夫を加えて活用したいものです。

例えば、意見を可視化したり分類したりするのにデジタルホワイトボードを活用するのは効果的ですが、デジタルホワイトボードの上に思考ツールを展開させて活用すると、さらに思考が深まることがよくあります。ＩＣＴ機器×思考ツールだと、使い方の選択肢が増え、活用の幅が格段に広がるのです。

本単元では、時差の学習にGoogleスプレッドシートで作成したデジタルワークシートを活用しました。スプレッドシートは、セル内に計算式を入れ、数字を入力するだけで計算結果を表示することができます。ここでは、時差を求める計算を生徒に理解させるために例題を用いて計算を試すのですが、学習の本質は計算することではなく、時差の仕組みを

スプレッドシートの機能を生かしたデジタルワークシートの開発

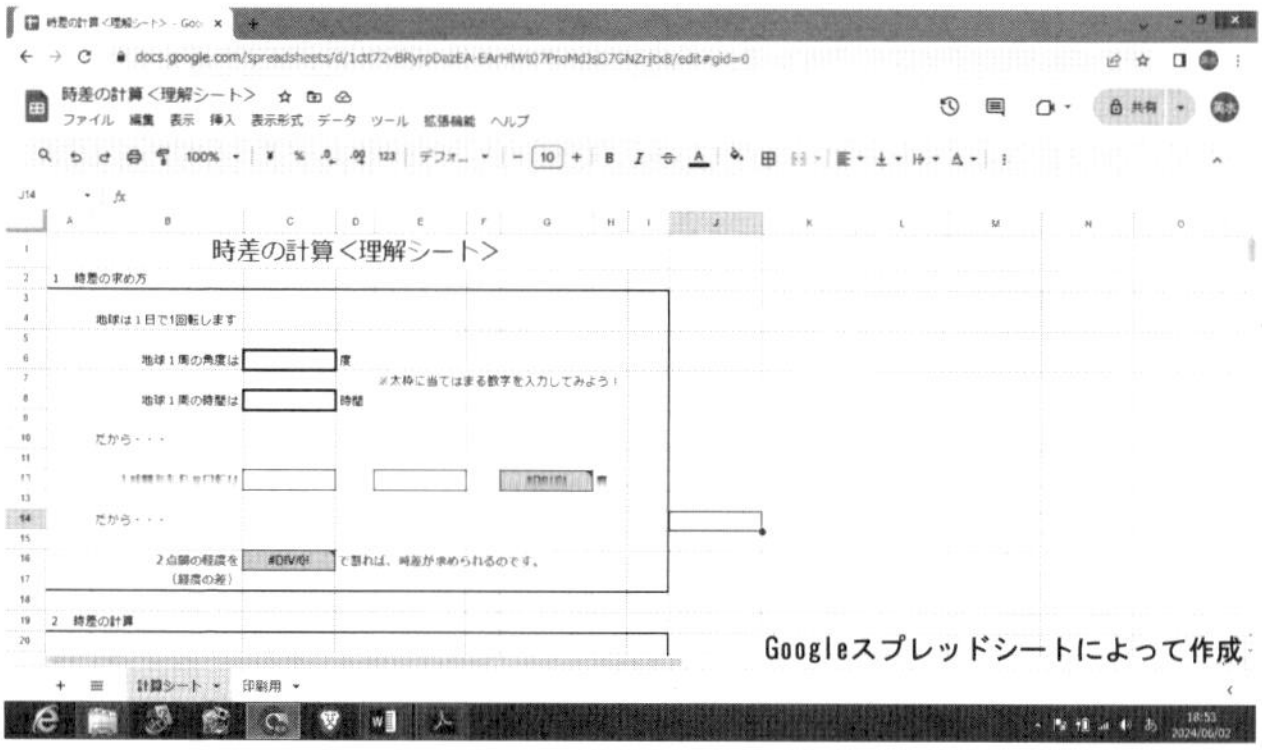

Googleスプレッドシートによって作成

理解することです。計算式を内蔵したスプレッドシートを使えば、計算を間違えて混乱することなく時差の仕組みを理解することができるでしょう。理解にかかる時間も短縮できるほか、生徒の一人一台端末に送信して、自宅で何回も繰り返しながら自身の理解度に合わせて学習が進められます。

これまでの紙のワークシートだけでは、ここまでの効果は期待できませんでした。ＩＣＴ機器の機能を生かしたオリジナル教材あってこその成果です。

3　単元展開

(1) 世界から見た日本の位置（第1時）

本時では、世界から見た日本の位置とその特色に

それぞれの経度を入力すれば、時差が計算されて表示される

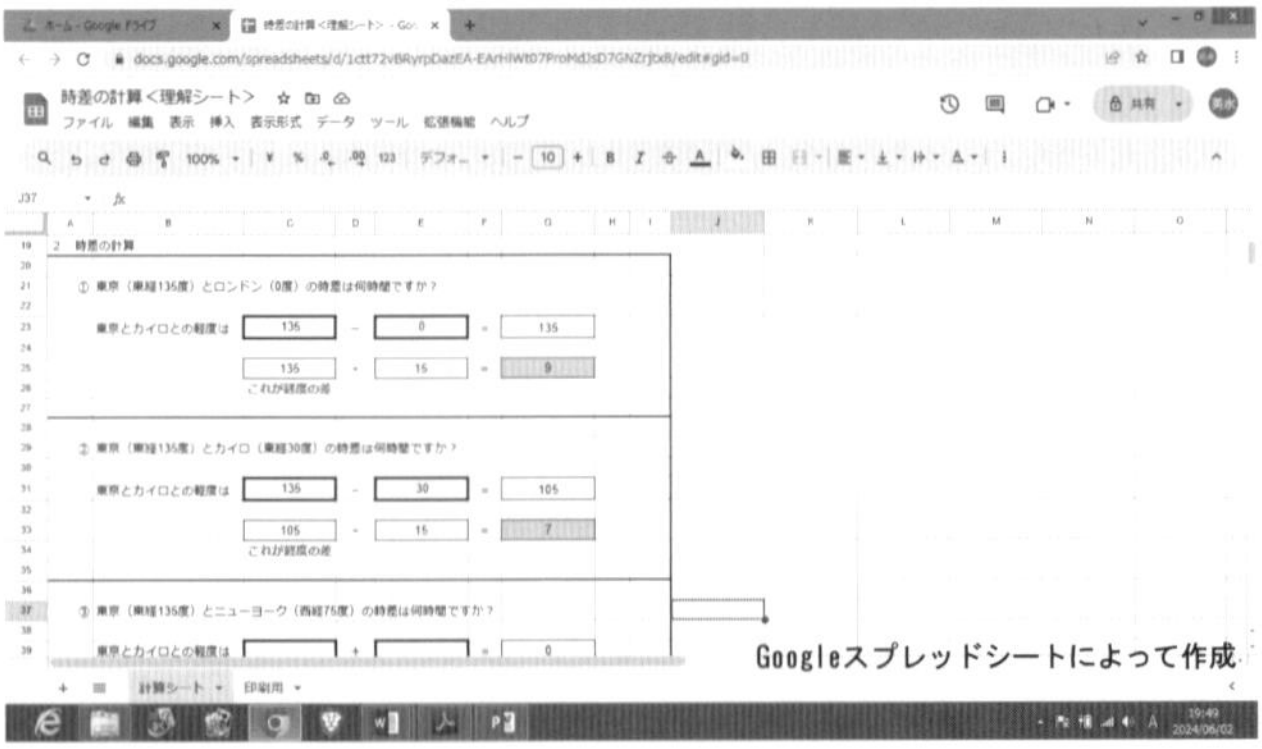

Googleスプレッドシートによって作成

ついて探究します。

まずは、世界地図を用い、既習事項である緯度や経度を活用して世界の中の日本の位置について確認します。この活動から、日本の位置は北半球の中緯度で極めて東の方であるということや、世界各国との位置関係が読み取れますが、世界地図は本当の姿を表現していません。

そこで、地球儀を活用するのですが、本物の地球儀をグループで観察させるだけでなく、一人一台端末にデジタル地球儀を表示させ、生徒一人ひとりに自身の目と見方で世界の中の日本の位置を確認させます。世界地図では読み取れなかった南北アメリカ大陸との関係、対蹠点、距離なども、デジタル地球儀の機能を使えば簡単に確認することができます。

(2) 世界の時間と日本の時間（第2時）

時差の学習は、時差の計算をマスターすることが目標ではありません。時差の仕組みを理解し、時差の違いから日本と世界各国の関係を探究することが目標です。しかし、経度15度の違いで1時間の時差が生まれることや、日本よりも時間が前なのか後なのかといった時差の仕組みを理解しておく必要はあります。

生徒には理解することがなかなか難しいこの時差の仕組みを、限られた時間で指導するには、計算式をあらかじめ設定しておいたデジタルワークシートの活用が有効です。このワークシートは、時差の仕組みを説明した動画とともに配信して、家庭学習でも繰り返し復習させます。こうしたデジタル教材の活用で生み出した時間を、日本の世界各国との時差の関係や時差を活用したビジネススタイル、世界的な経済市場のつながりなど、時差と実社会との関係の学習などに使っていくのです。

(3) 世界や日本の領域 (第3時)

日本は細長い本州をはじめとした4つの大きな島と、数多くの離島から構成されています。したがって、日本の領域の端も本州から離れた島々となっており、生徒がその実態を理解するのはなかなか難しいことです。

そこで、デジタル機器、特に一人一台端末を活用して写真や動画を提示し、具体的な理解を深めます。このとき、ウェブ上で公開されているライブカメラの映像をぜひ活用したいものです。編集された動画は、必要な情報や映像が整理されていて教育効果が高いのですが、場合によってはリアルさが薄れているものもあります。そのリアルさを補うのがライブカメラの映像です。

例えば、北方領土の中で納沙布岬に最も近い貝殻島や水晶島、国後島の姿を捉えたライブカメラの映像を、北方領土問題対策協会のサイト※で見ることができます。その姿は、生徒に北方領土問題に関する様々なインスピレーションや思いを抱かせてくれることでしょう。

（４）日本の地域区分（第４時）

本時では、都道府県や県庁所在地の自然及び社会的条件との関係について探究します。現在の都道府県や県庁所在地がどのように定まってきたのかについては、それぞれに歴史的な経緯があります。授業では、現在の都道府県や県庁所在地の位置を確認した後、任意の都道府県を選び、その自然及び社会的条件との関係について調べさせます。

その調べ学習の際に一人一台端末が活躍するのは言うまでもありません。ウェブ上の資料を検索し、都道府県や県庁所在地についての関心を高めながら、その位置や由来の特色を調べます。47都道府県それぞれのストーリーが見えてくるはずです。

（5）日本の地域構成の特色（第5時）

ここまでの学習で、世界の中での日本の位置、時差に見る世界各国との関係、日本の範囲と領域の特色、都道府県や県庁所在地の位置の意味といったことについて探究することができました。本時では、それらの成果を整理してまとめ、地域構成に見る日本の特色を自分なりに明らかにさせていきます。

日本は北半球の中でも極めて東にあります。この位置にあることによって、ヨーロッパとは違った文化が発展しました。また、アジアの国々との長い関係も日本の文化に大きな影響を与えました。さらに、時差を考えるとヨーロッパやアメリカとちょうどよく離れ、世界三大マーケットの一翼を担っています。時差を利用することが、ビジネスチャンスにもつながっています。この他、領域の特色や地域区分の特色などと合わせながら、探究の成果を自分の言葉で生徒に表現させます。

※北方領土問題対策協会サイト内のライブカメラ
https://advoke.jpn.com/hoppou/

■学習評価について

各時間での探究の成果を評価するほか、第5時での論述が本単元の大きな評価材料になります。各時間での学習の成果を生かしながら、日本の地域構成の特色を論じさせましょう。第5時の論述におけるB評価の基準は次の通りです。

世界の中での日本の位置、時差に見る世界各国との関係、日本の範囲と領域の特色、都道府県や県庁所在地の位置の意味など、本単元で探究してきた成果を総合して、自分なりに捉えた日本の地域構成の特色を、自身の言葉で論じている。

この評価基準に照らしておおむね満足のいく回答であればB評価とします。特に具体的に分析がされており、より客観的、論理的に述べられているものなど、大変満足のいく回答であればA評価とします。

また、主体的に学習に取り組む態度については、各時間で探究した成果物から、各時間のテーマに対して粘り強く取り組み、ＩＣＴ機器を有効に活用しながら自己調整して学習を進めているかについて見取り、評価します。

6 思考ツール

公民的分野　国民の生活と政府の役割（全5時間）

フィッシュボーンチャートを活用して、これからの日本の財政の在り方を考えよう

1　単元構成

（1）目標

・対立と合意、効率と公正などに着目して、社会資本の整備、少子高齢社会における社会保障の充実と安定化についてその意義を理解する。【知識及び技能】

・市場の働きに委ねることが難しい諸問題に関して、国や地方公共団体が果たす役割や財政及び租税の役割について多面的・多角的に考察、構想し、表現する。
【思考力・判断力・表現力等】

・国民の生活と政府の役割関心を高め、よりよい社会の実現を視野に、そこで見られる課題を主体的に追究しようとする。
【学びに向かう力、人間性等】

(2) 評価規準

■知識・技能

・対立と合意、効率と公正などに着目して、社会資本の整備、少子高齢社会における社会保障の充実と安定化についてその意義を理解している。

■思考・判断・表現

・市場の働きに委ねることが難しい諸問題に関して、国や地方公共団体が果たす役割や財政及び租税の役割について多面的・多角的に考察、構想し、表現している。

■主体的に学習に取り組む態度

・国民の生活と政府の役割関心を高め、よりよい社会の実現を視野に、そこで見られる課題を主体的に追究しようとしている。

（3）単元指導計画（学習課題）

①国民生活と財政との関係（第1時）

・安定的な国民生活における財政の役割とはどのようなものか

②国の歳入と歳出の仕組み（第2時）

・我が国はどのようにしてお金を集め、どのように使っているのだろうか

③環境保全や情報化を意識した社会資本整備（第3時）

・これからの時代を見据えた社会資本整備の在り方とはどのようなものか

④少子高齢社会における社会保障制度の在り方（第4時）
・少子高齢社会に入った日本の社会保障制度はどうあるべきか

⑤これからの日本の財政（第5時）
・これからの日本の財政はどうあるべきか

※第5時の学習課題が、単元を貫く問いです。

2 探究的な学びのポイント

(1) スモールステップを重ねながらこれからの日本のあるべき姿を探究させる単元構成

学習指導要領の解説には「国民の生活と福祉の向上を図ることに向けて、なぜ全ての経済活動を市場の働きだけに任せておくことができないのか、国や地方公共団体はどのような役割を果たしているのか、財政及び租税の役割はどのようなことなのか、といった市場の働きに委ねることが難しい諸問題などに関する理解を基に考察し、表現することができる適切な問いを設け、それらの課題を追究したり解決したりする活動を通して、国民の生活と政府の役割について関心を高め、課題を意欲的に追究する態度を育成することを主なねらいとしている」と示されています。

　これを受け、本単元では、我が国における財政、社会資本整備、社会保障整備についてその仕組みや現状を捉えた後、その課題把握や課題解決を繰り返し考察しながら、最終時間でそれらを統合し、これからの日本の財政の在り方を問うという構成を設計しました。

「日本の財政の在り方」という壮大なテーマを確実に考察するために、財政、社会資本、社会保障に対する課題把握と課題解決という小さな探究を繰り

<スモールステップを重ねながらこれからの日本のあるべき姿を探究させる>

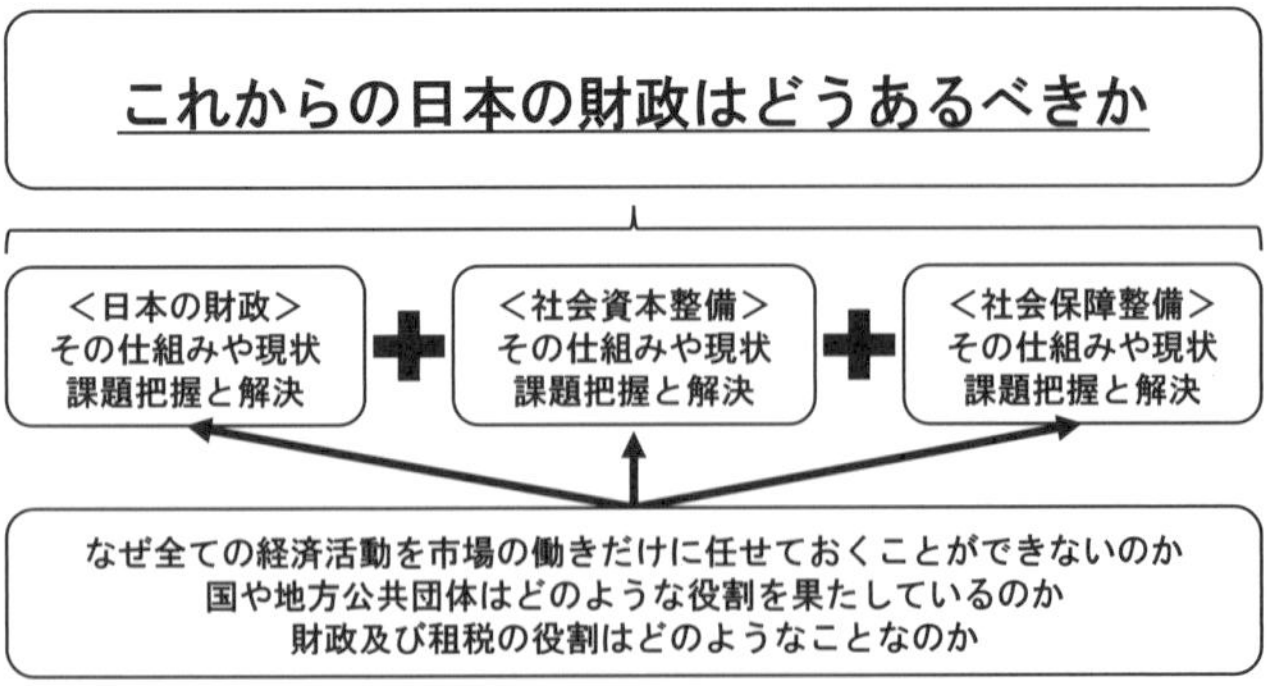

返しながらその成果を膨らませていきます。また、小さな探究の繰り返しは、単なる蓄積ではなく、一つひとつの考察が重なり合うことで新たな考察を生み出すという面もあります。いわば、たし算とかけ算を繰り返しながら探究を深める仕組みで、本単元を構成しました。

(2) フィッシュボーンチャートを活用して「課題」「問題点」「対応策」を明確にする

本単元の最後には「これからの日本の財政はどうあるべきか」という壮大な課題に挑みます。ここまでの授業で様々な知識や思考を得てきました。それらをフル活用して課題に挑むのですが、知識がたくさんあり過ぎて、いざ使う場面になると思考が混乱してしまい、せっかくの知識も役に立たないという

社会的な課題解決の論理

①【課題】の把握

課題とは： よりよい社会にするために解決することが必要な事象

②【問題点】の分析

問題点とは： 課題を生み出す阻害要因

③【対応策】の検討

対応策とは： 課題を解決するための手立て

ことがあります。

　そこで、本単元ではフィッシュボーンチャートを活用して思考を整理しながら探究します。フィッシュボーンチャートは、事象の要因を探ることに適した思考ツールです。授業では「これからの日本の財政はどうあるべきか」に答えるのですが、この背景には「日本の財政が行き詰まっている」という課題があるわけです。この課題の要因（問題点）がフィッシュボーンチャートを活用することによって明確化できるのです。

　問題点を明らかにすることは、対応策を考える第一歩でしょう。問題点を解消していくことが課題の解決策となっていくわけですから、問題点の明確化は、生徒がより現実的な対応策を考えられることにつながります。こうして現代社会の課題解決をより現実的に探究させていくための道具として、フィッシュボーンチャートを使用します。


「課題―問題点―対応策」のロジックを「フィッシュボーンチャート」で分析

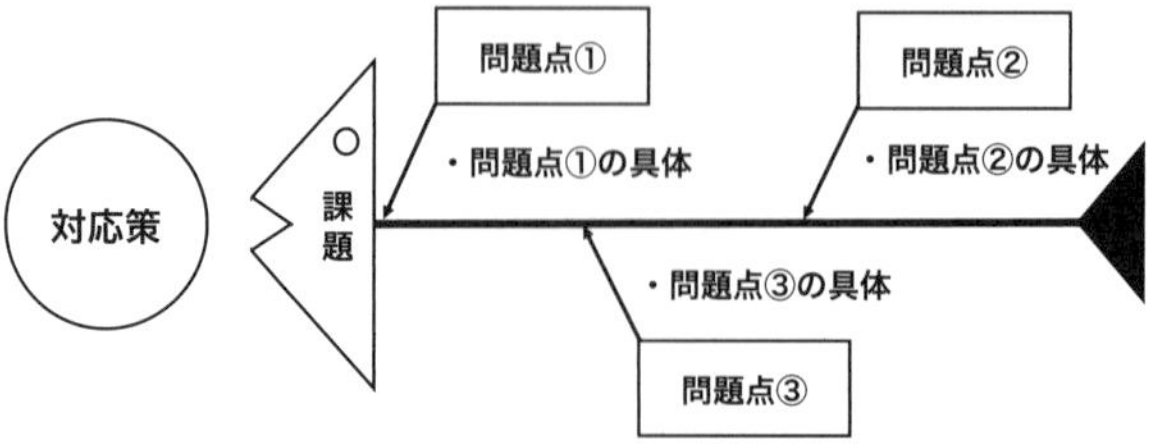

３　単元展開

（1）国民生活と財政との関係（第1時）

本時は、社会の仕組みとしての財政の役割を探究していくので、まずは経済主体の確認から入ります。すでに既習事項となっているので、生徒に問いながら進めるとよいでしょう。基本的に資本主義経済は、サービスを含む商品と賃金を含む対価の交換で成り立ちますが、利益が少なくても必要な商品もあります。この点を生徒に考えさせます。「もしも、社会に必要なものすべてが対価を求める商品だったら」として、生徒にそのような社会を想像させます。市場の働きに委ねることが難しい諸問題について体感的に理解が深まるでしょう。

そして、だからこそ財政の役割が重要であることに迫ります。また、財源としての租税の重要性にも気がつくはずです。ここから、「国民としての会費」と言われる税を納める、納税の意義についても理解を深めていきます。

(2) 国の歳入と歳出の仕組み（第2時）

前時の学習の成果を受けて、実際の収支である国の歳入と歳出を分析していきます。単年度の資料だけでなく、複数の年度の資料を提示して、その特色や変化について生徒に分析させます。一人一台端末を活用して生徒自ら情報を収集して整理させるのもよいでしょう。また学級の状況によっては「歳入と歳出はどのように変化してきているのか」や「歳入や歳出の内訳にはどのようなものがあるのか」といった着眼点を生徒に示して学習をファシリテートします。

情報の収集と分析ができたら、それらを共有しながら財政が抱える課題を考えます。ここでは、課題の解決よりも課題の把握に重点を置いて指導します。本単元の構成ポイントであるスモールステップでの探究を意識し、あまり深入りせずに指導を進めます。財政の課題については、財務省や国税庁などから有効な資料が数多く出されているので、ぜひ活用してみてください。

(3) 環境保全や情報化を意識した社会資本整備（第3時）

財政が今後厳しくなっていくという事実を踏まえながら、社会資本の在り方について探究します。

まずは身の回りの生活環境を見渡し、我々の生活が整備された社会資本のおかげで成り立っているということを生徒に実感させましょう。日頃の生活ではほとんど意識しない社会資本ですが、「ライフライン」と呼ばれる生活に欠かせない社会資本から、私たちの生活を便利で快適にしてくれている社会資本まで、実に数多くの社会資本を維持しているのも実は財政です。これらの安定的な整備、これからの時代の変化に合わせた拡充をしていきたいところですが、それを困難にしている課題も数多くあります。社会資本整備の意義を踏まえたうえで、現状を冷静に見ながら現実的な課題解決について検討します。

(4) 少子高齢社会における社会保障制度の在り方（第4時）

少子高齢化については、これまでの社会科学習の中で扱ってきているので、既習事項がたくさんあります。本時では、それらを生かしながら、財政という視点から改めて分析させます。少子高齢化という人口の問題がどのように社会生活に影響を与えるのか、日本の財政の仕組みと合わせて考えさせると、財政制度改革の必要性を生徒自ら訴えてくることでしょう。財政制度改革は今に始まったことではありません。消費税導入などを例にしながら、これまでの改革の意義や意味を理解したうえで、これからの在り方を考えさせます。

(5) これからの日本の財政(第5時)

単元の学習の成果を踏まえて、いよいよ「これからの日本の財政はどうあるべきか」という学習課題(単元を貫く問い)について考えます。生徒にフィッシュボーンチャートを渡し、これまでの学習の成果を基に日本の財政が抱える課題とそれを誘発している問題点、そして対応策という流れで整理・分析させていきます。チャートの頭に課題、骨の部分に問題点を書かせます。問題点のところには、さらに細かく具体的に箇条書きであげさせていきます。こうしてでき上がったフィッシュボーンチャートに現れた日本の財政が抱える問題点に対して、自分自身の対応策を論じます。

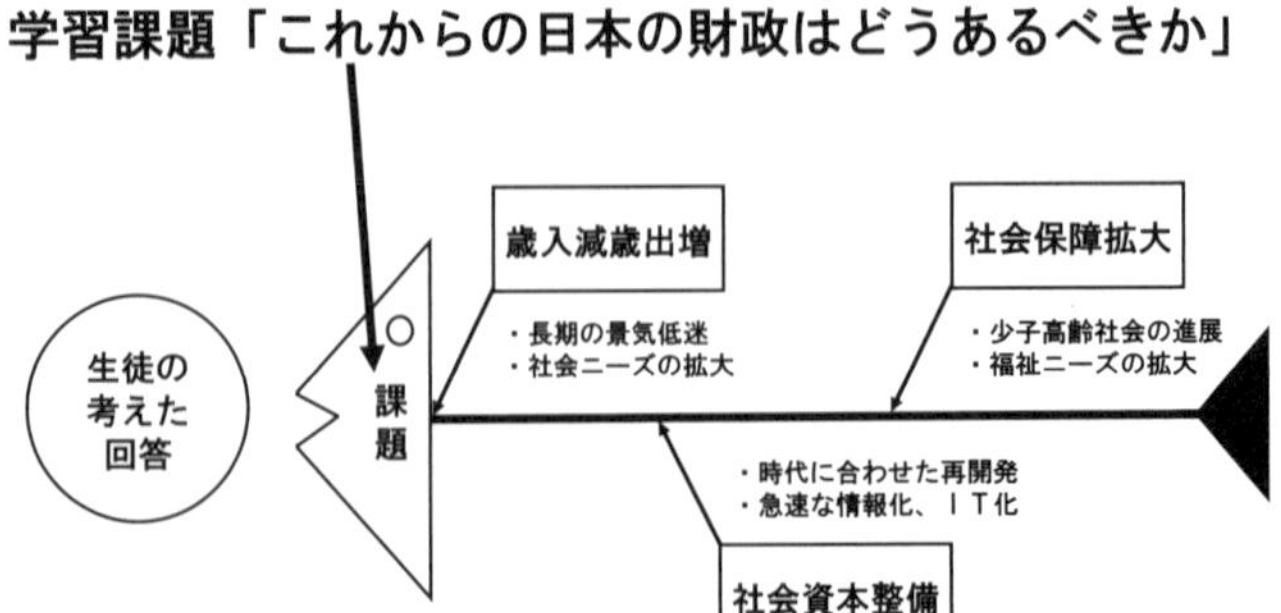

■学習評価について

本単元の学習評価は、各自で探究した成果からそれぞれの観点について評価するほか、第5時の最終論述が大きな評価材料となります。

論述のB評価の基準は次の通りです。

> **学習の成果を生かして財政が抱える課題やその要因となる問題点を具体的に把握できており、課題の把握を基にした具体的な対応策が述べられている。**

評価のポイントは、「①課題や問題点の把握」「②課題→問題点→対応策という論理性」「③論理的な分析を生かした対応策」の3点です。この3点についてそれぞれに特に優れている部分があるものはA評価とします。

主体的に学習に取り組む態度の評価は、単元の学習の各部分において、課題や問題点の分析を、自己調整しながら粘り強く行っているかを見取ります。

7 パフォーマンス課題

歴史的分野　中世の日本　武家政治の成立（全5時間）

歴史専門出版社の編集者となって、鎌倉時代を紹介するガイドブックをつくろう

1　単元構成

(1) 目標

・鎌倉幕府の成立などを基に、武士が台頭して主従の結びつきや武力を背景とした武家政権が成立し、その支配が広まったことを理解する。　【知識及び技能】

・鎌倉時代を大観し、政治の展開、産業の発達、社会の様子、文化の特色など鎌倉時代の特色や社会の変化を多面的・多角的に考察し、表現する。

【思考力・判断力・表現力等】

・鎌倉時代の日本について、よりよい社会の実現を視野に、そこで見られる課題を主体的に追究しようとする。

【学びに向かう力、人間性等】

(2) 評価規準

■知識・技能

・鎌倉幕府の成立などを基に、武士が台頭して主従の結びつきや武力を背景とした武家政権が成立し、その支配が広まったことを理解している。

■思考・判断・表現

・鎌倉時代を大観し、政治の展開、産業の発達、社会の様子、文化の特色など鎌倉時代の特色や社会の変化を多面的・多角的に考察し、表現している。

■主体的に学習に取り組む態度

・鎌倉時代の日本について、よりよい社会の実現を視野に、そこで見られる課題を主体的に追究しようとしている。

（3）単元指導計画（学習課題）

①貴族の社会から武士の社会へ（第1時）

・武士はどのようにして誕生したのだろうか

②大きな力をもつようになった武士団（第2時）

・武士はどのようにして政治的な力をもっていったのだろうか

③武家政権の始まり（第3時）

・鎌倉に起こった武家政権は、どのような政治を行ったのだろうか

④武士の気風に合った鎌倉文化（第4時）

・鎌倉時代に起こった文化は、どのような特色をもっていたのだろうか

⑤鎌倉時代を歴史ガイドブックで紹介しよう（第5時）

・鎌倉時代とはどのような時代で、そこに生きた人々の営みはどのようなものだろうか

※第5時の学習課題が、単元を貫く問いです。

2　探究的な学びのポイント

（1）時代の特色を捉えさせる単元構造の工夫

本単元では、貴族の社会から武士の社会へと移り変わる歴史の転換点にあたる歴史を扱います。武士の台頭や武家政権の成立とその仕組み、武士が担い手となった時代に起こった文化の特色などを学習し、鎌倉時代とはどのような時代で、そこに生きた人々の営みは

どのようなものだったのかということを明らかにしていきます。この一連の学習が効率よく進むように単元を構造化しました。

ここでは、貴族社会において荘園が重視される中で争いが起こり、武装して自らの力で紛争を解決しようとする社会が形成されていったこと、貴族社会に武士が入り込んで大きな実権を握っていったこと、有力武士団（源氏と平氏）が台頭し、源平の争乱を通じて源氏が社会を掌握して鎌倉に武家政権を成立させたことを一連の流れとして学び、貴族社会から武家社会への転換の歴史を明確にします。この学習の上に、時代の担い手となった武士が文化の形成にも影響して、貴族社会の文化を基礎としながらも武士の気風に合った力強い文化が花開いたことを学習します。

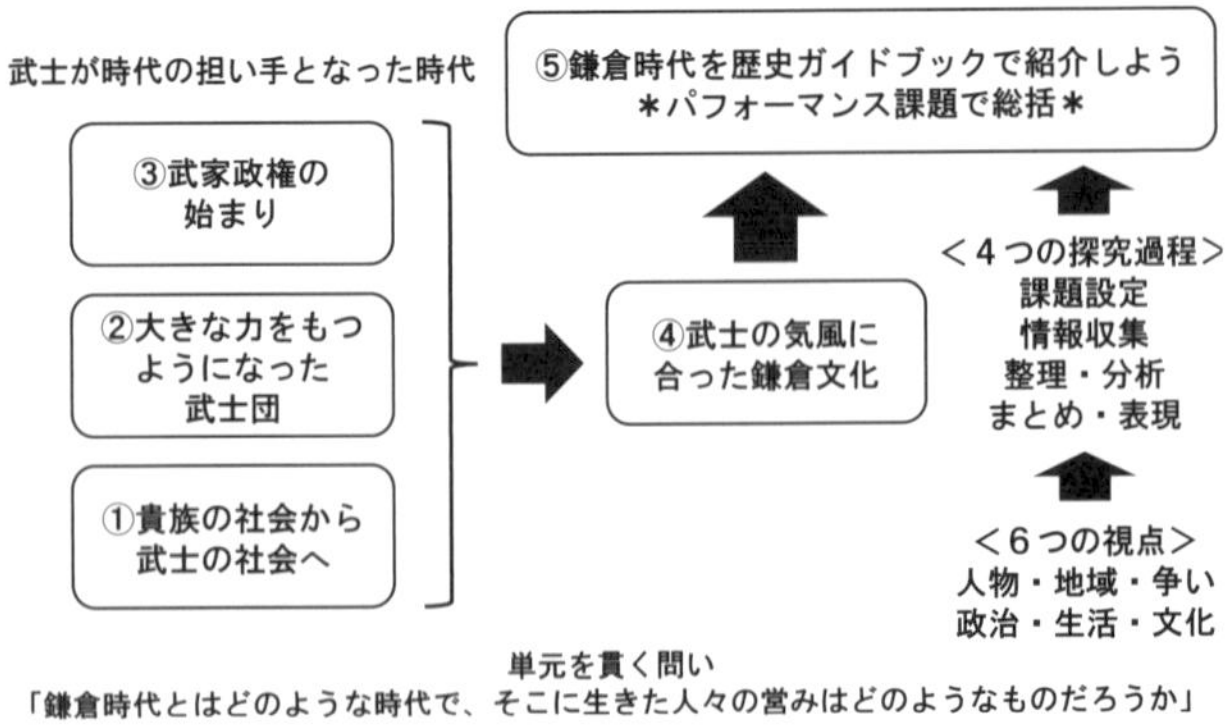

(2) 学習の成果を発揮しながら単元を貫く問いに迫るパフォーマンス課題の設定

　本単元では、学習のまとめをパフォーマンス課題に取り組むことで行います。パフォーマンス課題のストーリーで、単元の学習の成果を生かしながら、単元全体を俯瞰して多面的・多角的に時代を考察する学習を進めます。パフォーマンス課題は、単元の学習の成果を生かした総括的な学習課題ですから、単元の学習の成果を整理・活用して単元の目標に迫る取組として大変有効です。また、パフォーマンス課題のストーリーには、生徒の興味・関心を高める効果もあるので、日々の授業のアクセントになります。

　パフォーマンス課題は、単元のまとめで実施することが多いですが、単元の最後になってから生徒に示すのではなく、単元の最初に提示して、単元の学習全体

★パフォーマンス課題は評価段階になってから示すのではなく、単元の最初に評価基準とともに提示して単元の学習全体をパフォーマンス課題のストーリーの中で展開する
★示された評価基準は、目標となって生徒の学習をけん引する

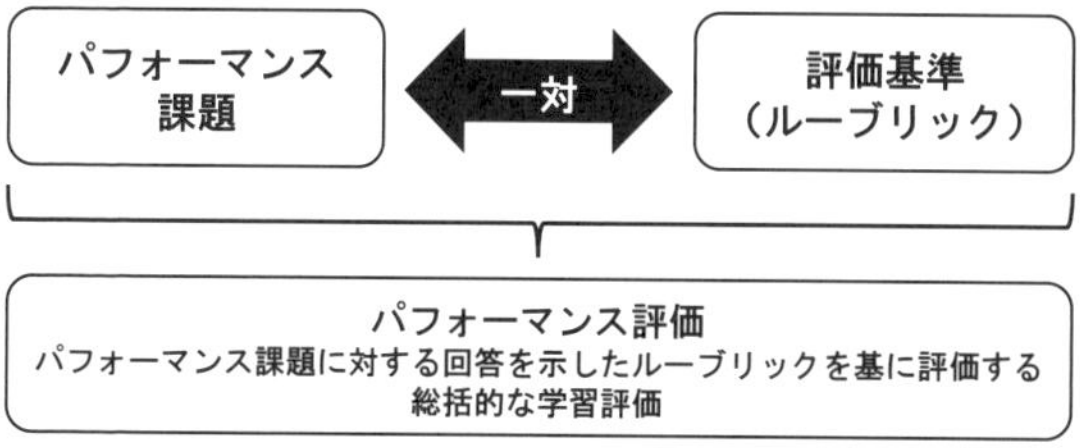

パフォーマンス課題によって単元の目標の実現に迫る

が、パフォーマンス課題のストーリーの中で進んでいくように配慮します。また、パフォーマンス課題に対する回答は、学習評価の材料となります。パフォーマンス課題に対する評価基準は、課題とともに生徒に提示します。評価基準は生徒の目標となるものです。評価基準のクリアを目指して生徒が意欲的に取り組めるようにします。

3 単元展開

(1) 貴族の社会から武士の社会へ（第1時）

単元の学習の冒頭で、パフォーマンス課題と評価基準（ルーブリック）を示し、本単元の学習が、提示したパフォーマンス課題のストーリーに沿って展開され、提示した評価基準に沿って学習成果が評価されることを示します。また、評価基準は、学習目標でもあることを生徒に伝え、学習場面で常に意識するように伝えます。

第1時の学習内容としては、荘園の拡大に伴い、土地の権利や境界をめぐる争いが多発し、武装して自らの力で紛争を解決しようとする社会が形成されたことや、都の武官や地方の有力者が武芸を身につけ武士となっていくこと、有力な武士は一族をまとめて従者を率い武士団をつくったことについて学習します。武士がどのようにして社会に登場してきたのかを生徒が明確に理解できるよう配慮します。

(2) 大きな力をもつようになった武士団(第2時)

第2時では、11世紀後半に院政が始まると、荘園がますます社会を支える基礎となる一方で、権利や境界をめぐる争いが激化し、武士団の役割が高まる中で源氏と平氏が台頭することを扱います。また、12世紀半ばに院政の実権をめぐる争いが起こると、これに源氏や平氏も協力して平氏が政治の実権を握ること、政治や富を独占する平氏に対して不満が高まり、源氏が平氏打倒の兵をあげて源平の争乱に勝利することなどを扱います。

平氏の台頭から源氏政権誕生までの流れは複雑なので、構造化や図化などの工夫をしたいところです。

(3) 武家政権の始まり(第3時)

第3時では、鎌倉を拠点とした源頼朝が国ごとに守護を、荘園や公領に地頭を設置したことや、その後征夷大将軍となって幕府を開き、将軍と御家人は御恩と奉公の主従関係を基に人や土地を支配する仕組みをつくったことを扱います。また、源氏将軍が途絶え、北条氏が実権を握ると、承久の乱が勃発し、御恩と奉公の関係で結束した幕府軍が勝利するとますます勢力を拡大し、以後北条氏による執権政治が進むことなどを扱います。

ここまでの3時間は、断片化することなく、一連の流れとして生徒に捉えさせるような工夫を行いましょう。

（4）武士の気風に合った鎌倉文化（第4時）

第4時は、第1時から第3時までの授業で学んできた、武士の台頭と武家社会への転換を土台として、貴族文化を基礎としながらも武士の気風を反映した力強い文化が花開いたことを生徒に理解させます。

また、鎌倉時代に入ると、戦乱などによって人々の不安が高まる中で仏教に救いを求める風潮が高まったこと、その中で浄土信仰を継承した浄土宗や浄土真宗、禅宗の流れをくむ臨済宗や曹洞宗の他、法華経を重視した日蓮宗や踊念仏を取り入れた時宗などが庶民の気持ちを捉えていくことなどについて学習します。

(5) 鎌倉時代を歴史ガイドブックで紹介しよう(第5時)

「人物」「地域」「争い」「政治」「生活」「文化」の6つの視点で、課題設定、情報収集、整理・分析、まとめ・表現という探究の過程に沿って学習の成果をまとめます。

パフォーマンス課題は、次の通りです。

①スライド作成
あなたは歴史を専門に扱う出版社の編集者です。あなたの会社では、日本の歴史について時代ごとにその特色と人々の営みを紹介する歴史ガイドブックを出版する企画が立ち上がりました。

あなたの担当は鎌倉時代です。

本書はデジタルブックとして販売するので、社員に配付されている一人一台端末のスライド機能を使って作成します。

編集長からは、編集にあたっての注意事項として、次の4点が示されました。
1 その時代における「人物」「地域」「争い」「政治」「生活」「文化」の6つの視

点から1つを選ぶこと

2　選んだ視点を意識しながら、情報収集を入念に行うこと

3　ガイドブックの中心テーマは「それぞれの時代とはどのような時代で、そこに生きた人々の営みはどのようなものだろうか」であること

4　課題設定、情報収集、整理・分析、まとめ・表現という4つの探究過程に沿って編集作業を進めること

②編集後記

あなたは、完成したスライドを読みながら、また調査研究から得られたことを振り返りながら編集後記を執筆します。本書の中心テーマである「それぞれの時代（担当した鎌倉時代）とはどのような時代で、そこに生きた人々の営みはどのようなものだろうか」ということを明確に表現してください。

■学習評価について

ここではパフォーマンス課題に対する評価基準を示します。スライドと編集後記それぞれについて評価します。B評価の基準は次の通りです。

①スライド

選んだ共通項目について、単元の学習の成果を生かしたり資料を活用したりしながら、鎌倉時代の歴史全体を俯瞰して多面的・多角的に考察し、表現している。

②編集後記

第5時の学習課題で単元を貫く問いでもある「鎌倉時代とはどのような時代で、そこに生きた人々の営みはどのようなものだろうか」について、学習の成果を生かしながら、鎌倉時代の歴史全体を俯瞰して、多面的・多角的に考察し、表現している。

いずれも、単元の学習成果を生かしているか、鎌倉時代の歴史全体を俯瞰しているか、多面的・多角的に考察し、表現しているか、などを観点として評価します。

8 個別最適な学び

公民的分野　私たちと国際社会の諸課題　よりよい社会を目指して（全5時間）

自ら選んだ現代社会の諸課題について、私の行動宣言を構想しよう

1　単元構成

(1) 目標

・持続可能な社会を形成することに向けて、社会的な見方・考え方を働かせ、私たちがよりよい社会を築いていくために解決すべき課題を理解する。　【知識及び技能】

・持続可能な社会を形成することに向けて、社会的な見方・考え方を働かせ、私たちがよりよい社会を築いていくために解決すべき課題を多面的・多角的に考察、構想し、自分の考えを説明、論述する。

【思考力・判断力・表現力等】

・私たちがよりよい社会を築いていくために解決すべき課題について、現代社会に見られる課題の解決を視野に、主体的に追究して社会と関わろうとする。

【学びに向かう力、人間性等】

(2) 評価規準

■知識・技能

・持続可能な社会を形成することに向けて、社会的な見方・考え方を働かせ、私たちがよりよい社会を築いていくために解決すべき課題を理解している。

■思考・判断・表現

・持続可能な社会を形成することに向けて、社会的な見方・考え方を働かせ、私たちがよりよい社会を築いていくために解決すべき課題を多面的・多角的に考察、構想し、自分の考えを説明、論述している。

■主体的に学習に取り組む態度
・私たちがよりよい社会を築いていくために解決すべき課題について、現代社会に見られる課題の解決を視野に、主体的に追究社会と関わろうとしている。

（3）単元指導計画（学習課題）

①よりよい社会の構築【課題の把握】（第1時）
・よりよい社会を構築するために解決しなければならない課題は何だろうか

②課題解決のための計画【計画の作成】（第2時）
・見つけた課題はどのようなもので、解決のための計画はどのようなものか

	学習計画	主な学習内容
①	よりよい社会の構築 【課題の把握】	よりよい社会を構築するために解決しなければならない課題を追究し、自身の探究テーマを決める
②	課題解決のための計画 【計画の作成】	設定した課題解決のための計画とこれからの学習計画を自ら設計する
③	課題解決のための情報 【情報の収集】	様々な教材や一人一台端末を活用して必要な情報を自ら収集する
④	課題解決のための分析と構想 【情報の分析と解決策の構想】	収集した情報を自ら整理・分析して、自分なりの解決策を考察・構想する
⑤	解決策の提案 【構想の発表】	一人一台端末を活用して、自身の解決策を発表・表現する

③課題解決のための情報【情報の収集】（第3時）

・課題の解決のためには、どのような情報が必要なのだろうか

④課題解決のための分析と構想【情報の分析と解決策の構想】（第4時）

・課題解決のためには、どのような手立てが必要なのだろうか

⑤解決策の提案【構想の発表】（第5時）

・よりよい社会を目指して、あなたはどのようなことを訴えるのだろうか

2　探究的な学びのポイント

(1) 生徒の主体性が発揮される学習環境の整備

生徒の発想に任せて、生徒の思い通りに学習を進めるといっても、何も用意しないでは、学習が始まりません。どのように学びを進めるかは生徒に任されているとしても、学びに

必要な道具や資料、そして学習するための場所や機会といった生徒を取り巻く学習環境の整備は、授業者の役割です。

上智大学教授の奈須正裕先生は、私が聞いた講演会でこの環境整備を幼児教育の現場になぞらえてお話され、子ども自身の学びに必要なものが、子どものまわりにすべて用意されている様子の写真を提示されていました。私自身も実践の中で個別最適な学びの充実における環境整備の大切さを感じています。

先日、ある特別支援学校の平常授業を参観する機会があり、そこでハッとさせられるシーンがありました。特別支援学校の生徒は様々な特性をもっていますが、生徒たちを柔らかく包み込むような態度で支援する授業者の姿を見たのです。中には、教室内の刺激が強すぎるために他の生徒から離れたところで学んでいる生徒がいたり、教室から出て廊下の片隅で気持ちを落ち着けている生徒がいたりしました。そのような少し離れた生徒も、自分自身のペースで学んでいるのです。それを授業者は柔軟に受け入れながら、だれ一人取り残さずに学びを支援しているのです。私は、これも1つの学習環境なのではないかと感じました。学びに必要なものがそろい、それらを自由に使って自分の学びを進める。そして、その学びの姿を授業者が柔軟に受け入れて支援する。これこそ、個別最適な学びであり、探究的な学びなのではないでしょうか。

(2) 一人一台端末の配備と個別最適な学び

個別最適な学びや自由進度学習のスタイルは、はじめて登場したものではありません。ドルトンプランやイエナプランなど、個別と協働の主体的な学習法は、1920年代に始まっています。日本でも木下竹次が『学習原論』において、自立的な学習法を展開したのは1923年のことです。

しかし、個別的な学習法は、その価値を認められながらも、学習法のスタンダードにはなりませんでした。その要因の1つが教材や資料の準備であると思います。生徒一人ひとりが自ら学ぶためには、生徒一人ひとりの学習に合った教材や資料の準備が必要ですが、これまでの学校教育が置かれている環境では、その提供が難しかったのです。生徒が自ら必要としている教材や資料を、生徒自らが手に入れて活用する。これはかなり難しいことでした。

この難問を解決したのがGIGAスクール構想による一人一台端末の配備と、クラウドを含む高速デジタル通信網の整備でした。これらの配備と整備によって、生徒が自ら必要としている教材や資料を、生徒自らが手に入れて活用することが実現したのです。

「令和の日本型学校教育」答申では、以下のように述べられています。

○（前略）学習指導要領 の総則「第4児童（生徒）の発達の支援」の中では（中略）、指導方法や指導体制の工夫改善により、「個に応じた指導」の充実を図ることについて示された。また、その際、各学校において、コンピュータや情報通信ネットワークなどの情報手段を活用するために必要な環境を整え、これらを適切に活用した学習活動の充実を図ることについても示された。

○現在、GIGAスクール構想により学校のICT環境が急速に整備されており、今後はこの新たな環境を活用するとともに、少人数によるきめ細かな指導体制の整備を進め、「個に応じた指導」を充実していくことが重要である。

個別最適な学びを実現するためには、ICT環境（特に一人一台端末）の活用は不可欠なのです。個別最適な学びとは、一人一台端末をフル活用しながら、必要としている教材や資料をも、生徒自らが手に入れて探究を深めていく学びなのです。

3 単元展開

(1) よりよい社会の構築【課題の把握】(第1時)

よりよい社会の実現は、世界中の人々の願いではありますが、現実の社会は残念ながらそうではありません。この理想と現実のギャップを探究するのが本単元の学習です。これまでの社会科学習の成果や生活経験などを生かして、生徒自身に探究する課題を設定させます。

課題の設定にあたっては、公民的分野の学習で繰り返し考えてきた視点である「対立と合意」や「効率と校正」に着目させ、現代社会の見方・考え方を働かせながら、自身がこれから授業で探究していくのにふさわしい課題を見つけさせます。

（2）課題解決のための計画【計画の作成】（第2時）

探究する課題が決まったら、学習を進めていく計画を立てます。立てる計画は、課題解決のための計画と学習そのものの計画の2つです。

課題解決のための計画は、課題を生み出している要因や理想を阻害している問題点をどのように特定していくのか、対応策を考えるにあたってどのような資料を活用するのかなどを考えます。学習そのものの計画は、単元の学習スケジュールに合わせて、家庭学習の時間を含めながら、それぞれの行程にどのくらいの時間を配分していくのか、どのような資料をどのように探すのかといったものです。

デジタルワークシートなどを活用して、教師が必要なアドバイスを与えながら、具体的な計画を立てさせます。

（3）課題解決のための情報【情報の収集】（第3時）

資料収集の場面では、一人一台端末を十分に活用させましょう。一人一台端末による情報収集の仕方は、総合的な学習の時間や他教科の授業で学んでいる場合もありますので、授業者が生徒の状況をよく確認しておいてください。この段階では複線型の授業展開を行います。また、多くの生徒が必要とするような資料は、教室の片隅に情報スペースをつくって自由に活用させましょう。一方で、なかなか進められない生徒もいるはずです。そのような生徒は、授業者が時間を決めて集め、一斉型の指導で支援してもよいと思います。生徒の学びの姿をよく見取り、適切な支援を心がけてください。

また、収集した情報は、デジタルワークシートにためていきます。この方が記入や整理、発表作品の作成において効率よく活用ができます。また、授業時間だけでは時間が足りないので、家庭学習の時間も活用させると思いますが、そうしたときにも手軽に授業の続きから学習が進められます。

(4) 課題解決のための分析と構想【情報の分析と解決策の構想】(第4時)

資料が集まり、ある程度の方向性が見えてきたら、課題解決のための手立てを構想する段階に入ります。構想に入るタイミングは、教師が生徒一人ひとりの状況を見て助言します。集めた情報を論理的、構造的に分析し、より現実性や客観性の高い構想にしていきます。ある程度の構想ができてきたら、発表用の作品づくりも始めます。デジタルを活用した発表の形式はいろいろあるので、生徒や学校の状況に合わせて検討したいところです。

(5) 解決策の提案【構想の発表】(第5時)

作品が完成したら、各自の構想を発表します。デジタル作品であれば、発表会形式にしなくても作品を鑑賞する方法があるので、より効率のよい方法を検討したいところです。

例えば、作品の鑑賞をクラウド内で行い、その評価をフォームに入力すれば、簡単にランキングなども行えます。また、クラウドを活用すれば、学級を超えた共有も可能です。

本単元のテーマは、SDGsに絡めて進めることもできるので、総合的な学習の時間や他教科との教科横断的な学習などに拡大して、多面的・多角的に課題の解決を構想したり協働したりすると、学習がさらに深まることでしょう。

	学習計画	一人一台端末の活用
①	よりよい社会の構築 【課題の把握】	・理想と現実とのギャップを思考ツールを活用して整理 ・学習の成果や既習事項をデジタルワークシートで整理
②	課題解決のための計画 【計画の作成】	・課題解決のための計画学習そのものの計画をデジタルワークシートで整理
③	課題解決のための情報 【情報の収集】	・一人一台端末を活用して情報を収集 ・収集した情報をデジタルワークシートで整理・蓄積
④	課題解決のための分析と構想 【情報の分析と解決策の構想】	・分析と構想をデジタルワークシートで図化し、論理的に整理
⑤	解決策の提案 【構想の発表】	・スライドや動画などデジタルでの発信を行う ・クラウドを活用してクラスを越えて共有する

■学習評価について

本単元での学習評価は、家庭学習も含め、授業ごとに設定された学習活動の到達点を基にして、その各段階での進捗状況を把握して評価します。「個別最適な学びだから、評価も個別最適で…」と考える先生もいらっしゃるかもしれませんが、それは時間的、労力的に難しいと思います。本単元での学習評価は、あくまでも社会科という教科の授業の評価になるので、教師が設定した基準に対してどのくらいの達成度だったかで評価することが妥当であると考えます。

単元の主たる評価材料は、最終的な構想です。生徒の構想は、次の評価基準に照らして評価します。この基準に対して概ね満足のいくものはＢ評価とします。

地理的分野及び歴史的分野の学習の成果を活用するとともに、これらの分野で育成された資質・能力が、更に高まり発展するような構想である。
また、社会的事象は相互に関連し合っていることに留意し特定の内容に偏ることなく、分野を越えたまとまりのある構想である。

9 教科横断的な学び

歴史的分野　古代までの日本　平安時代（全4時間＋他教科の時間）

歴史を中心に、国語、音楽、美術、技術を統合して、平安時代の姿を探究しよう

1　単元構成

(1) 目標

・律令国家の確立に至るまでの過程、摂関政治などを基に、東アジアの文物や制度を積極的に取り入れながら国家の仕組みが整えられ、その後、天皇や貴族による政治が展開し

たことを理解する。【知識及び技能】
・東アジアとの接触や交流と政治や文化などの変化に着目し、事象を相互に関連付けるなどして律令国家の形成から天皇や貴族による政治の展開までの歴史を多面的・多角的に考察し、表現する。【思考力・判断力・表現力等】
・平安時代の日本について、よりよい社会の実現を視野に、そこで見られる課題を主体的に追究しようとする。【学びに向かう力、人間性等】

(2) 評価規準

■知識・技能
・律令国家の確立に至るまでの過程、摂関政治などを基に、東アジアの文物や制度を積極的に取り入れながら国家の仕組みが整えられ、その後、天皇や貴族による政治が展開したことを理解している。

■思考・判断・表現
・東アジアとの接触や交流と政治や文化などの変化に着目し、事象を相互に関連付けるなどして律令国家の形成から天皇や貴族による政治の展開までの歴史を多面的・多角的に考察し、表現している。

■主体的に学習に取り組む態度

・平安時代の日本について、よりよい社会の実現を視野に、そこで見られる課題を主体的に追究しようとしている。

(3) 単元指導計画(学習課題)

①平安時代以前の時代(飛鳥・奈良)(第1時)

・貴族の社会はどのような経緯をたどって成立したのだろうか

②平安時代を担った人々(第2時)

・天皇や貴族の社会はどのような仕組みや特色をもっていたのだろうか

③平安時代の文化の特色（第3時）
・貴族が担い手となった文化は、どのような特色をもっているのだろうか

④平安時代の姿（第4時）
・平安時代とはどのような時代で、平安時代に生きた人々はどのような努力や工夫をしてきたのか

※第4時の学習課題が、単元を貫く問いです。

国語科の学び

社会科の学習で得られた情報の関係を、原因と結果や意見と根拠などを意識して整理し、表現の軸となる論理を構成する。

美術科の学び

美術科での表現技術を用いながら、時代の特色を感じさせるキャラクターやデザイ

ン構成、色彩を構想する。

音楽科の学び

音楽科での表現技術を用いながら、時代の特色を感じさせる音や音楽を選定したり作曲したりする。

技術科の学び

情報モラルに配慮しながら、学習の成果をデジタル表現する。

2　探究的な学びのポイント

(1)　社会科と他教科との組み合わせ

本単元では、社会科の授業（学び）を軸として、社会科での学びをより深いものにするためにはどのような教科との組み合わせがよいのかという点に配慮して、この組み合わせを考えました。具体的には、社会科の授業内で設定した「平安時代とはどのような時代で、平安時代に生きた人々はどのような努力や工夫をしてきたのか」という、時代の特色に迫る単元を貫く問いに対する自身の回答を表現する部分で、他教科の表現に関する学びを生かしながら、多面的に問いを考え、より深いものとなるように設計しました。また、国語科の情報の扱い方に関する事項の学習での成果を社会科の授業の中でも活用させ、より深い考察が実現するように配慮しました。

このように、教科横断的な学びを実現するときには、それぞれの教科の特性や学びをしっかり把握し、組み合わせを吟味してより大きな効果が得られるように工夫してください。

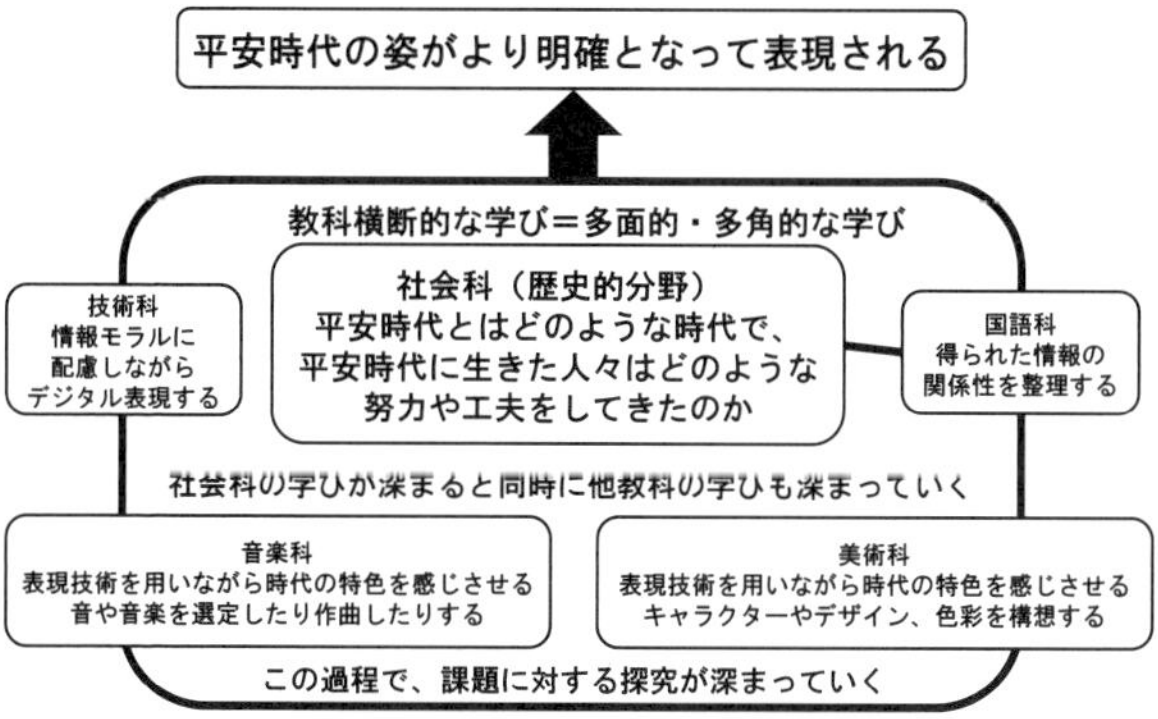

(2) 他教科の学びも成立するような配慮

今回の学習は、あくまでも社会科の学習として構想しましたが、他教科の学びを活用するだけでなく、他教科の授業時間も活用することを考えているので、社会科の授業として成立させるだけではなく、他教科の授業としても成立するよう配慮が必要です。

つまり、前述した単元の目標や評価規準は社会科のものですが、完成した作品は、他教科の評価規準に沿って評価できるように、社会科と他教科とが対等な関係でなければならないということです。

本単元の学習で作成したデジタル作品は、社会科や国語科の目標や評価規準に沿って「平安時代とはどのような時代で、平安時代に生きた人々はどのような努力や工夫をしてきたのか」という問いに答えているという点で社会科や国語科の評価材料になり

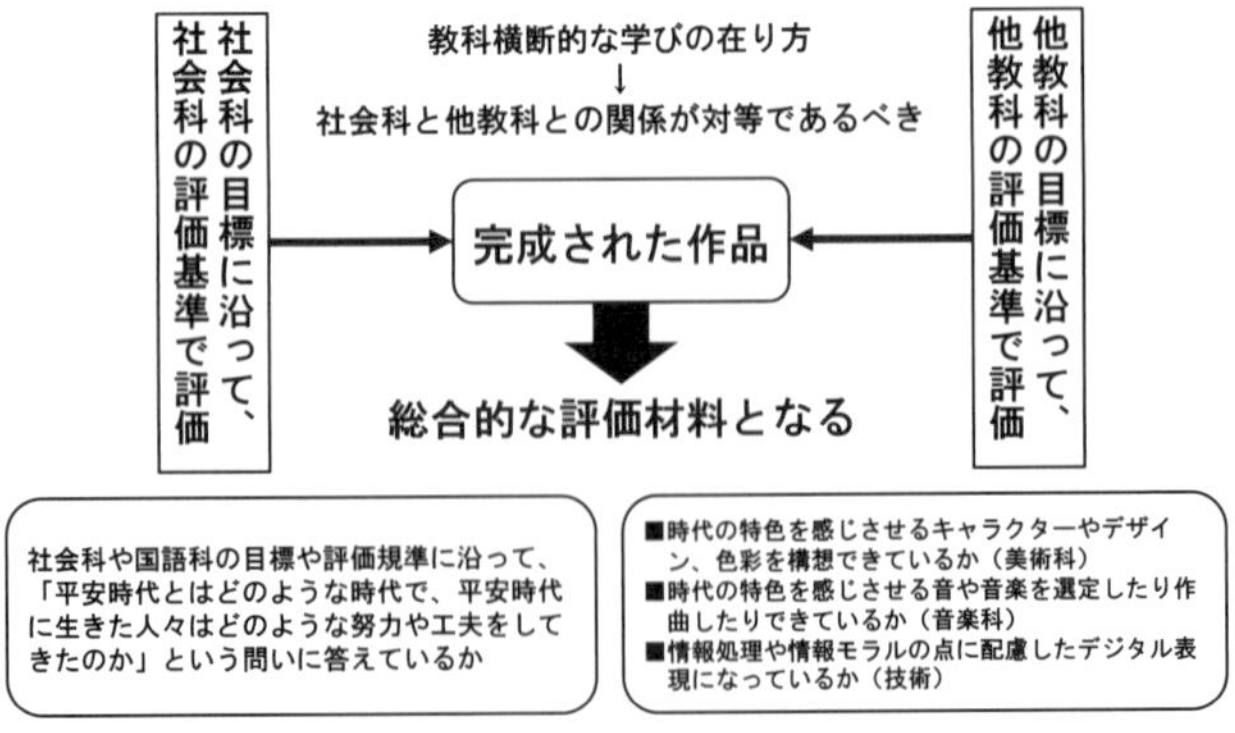

ます。それと同時に、時代の特色を感じさせるキャラクターやデザイン、色彩を構想できているかといった美術科の観点、時代の特色を感じさせる音や音楽を選定したり作曲したりできているといった音楽科の観点、情報処理や情報モラルの点に配慮したデジタル表現になっているかといった技術科の観点でも評価できる配慮が必要です。この点については、コラボレーションする教科の教員とよく打ち合わせて設定してください。

3　単元展開

(1) 平安時代以前の時代（飛鳥・奈良）（第1時）

平安時代の特色を追究するにあたって必要な、前時代の特色や時代の変化について学習します。仏教伝来と聖徳太子の改革や律令国家へ向けての流れや平城京における律令国家の成立と仕組みなどを、これまでの学習の成果を整理する形で確認し、平安時代へと移り変わっていく過程を学習します。

（2）平安時代を担った人々（第2時）

ここで平安時代の様子を捉える時間に入ります。平安京へ遷都し、天皇が中心の政治から摂関政治を行った藤原氏を中心とする貴族の政治が始まっていく様子や仕組みについて学習します。前時で確認した飛鳥時代や奈良時代の政治と比較しながら、時代の特色に気づかせるような工夫をしたいところです。

（3）平安時代の文化の特色（第3時）

ここでは一転して文化の面に視点を向けます。これまでの東アジアの影響を強く受けた文化から日本独自の文化に変わっていくところは大きな特色ですから、具体的な文化物を見ながら、平安時代の文化を概念化していきます。この時代に私たちの生活にも関係するひらがなやカタカナが生まれていったことや、今でも読み継がれている源氏物語などの文学作品が誕生したことは、生徒に身近に感じさせながら指導したいところです。また、国語科での文学史などの学習の成果も生かして工夫するとよいでしょう。

(4) 平安時代の姿（第４時）

学習の成果を整理して、単元を貫く問いに迫る時間です。ここでは国語科の学びである「情報の関係を、原因と結果や意見と根拠などを意識して整理し、表現の軸となる論理を構成する」ということを十分に意識させます。国語科の教員にも教室に入ってもらい、社会科と国語科の双方から指導を行います。ワークシートなどを用意して、学習の成果を文章の形で記録しておきます。学習の成果の最終的な形態は、一人一台端末を活用したデジタル作品とします。作品の形態は、各校の状況に合わせて、スライドや動画など適切な表現形態を設定してください。

美術科での学習

社会科の第４時での成果を受けて、美術科での授業では、最終的なデジタル作品になったときを想定しながら、美術科で学ぶ表現技術を用いて時代の特色を感じさせるキャラクターやデザイン構成、色彩を構想します。構成や装飾、伝達を考えた発想や構想、用途や機能を考えた発想や構想に配慮した指導を行います。

音楽科での学習

美術科の授業と並行して、音楽科の授業でも最終的なデジタル作品になったときを想定しながら、音楽科で学ぶ表現技術を用いて時代の特色を感じさせる音や音楽を選定したり作曲したりします。音を材料として平安時代の特色をいかに表現するのかを追究させる指導を行います。情操教科である美術科と音楽科が並行して授業を行うことで、相互に共通する点や異なる点などを意識させ、視覚と聴覚の双方から迫る表現を追究させます。社会科の教員が間に入り、美術科の教員と音楽科の教員とを結びつけ、教科横断的な授業ならではの相乗効果を目指したいところです。

技術科での学習

国語科の学びも活用してまとまった社会科の学びの成果を、美術科、音楽科の学びを用いて表現する構想までができ上がりました。その成果を作品として具体化するのが技術科の授業です。技術科の授業では、「情報の技術」に関する学びを生かして、情報モラルにも配慮しながら、学習の成果をデジタル表現していきます。デジタル作品として完成させるにあたって必要な技術的な事項は、各教科と連携して適切なときに指導しておきます。

■学習評価について

完成したデジタル作品を評価します。社会科における評価基準は次の通りです。

学習の成果を生かし、平安時代とはどのような時代であるのか、平安時代に生きた人々はどのような努力や工夫をしてきたのかという2点について、多面的・多角的に考察した結果を、具体的・論理的に表現している。

この観点について、おおむね満足のいく回答であればB評価とします。さらに具体性や論理性などの面で特に優れている要素が含まれ、大変満足のいく内容であればA評価となります。

また、主体的に学習に取り組む態度の評価については、単元の学習を通じて設定した単元の目標や、単元を貫く問いに含まれる平安時代の特色や平安時代の人々の営みについて、学習を自己調整しながら粘り強く追究しているという観点で評価します。

10 SDGs

公民的分野　世界平和と人類の福祉の増大（全5時間）

ESDやSDGsの視点から、持続可能な社会の実現を考えよう

1　単元構成

(1) 目標

・地球環境、資源・エネルギー、貧困などの解決のために経済的・技術的な協力などが大切であることを理解する。　**【知識及び技能】**

・世界平和と福祉の増大のために必要な世界各国の努力や我が国の努力、世界平和と福祉の増大に関する課題の把握と解決について多面的・多角的に考察し、構想し、表現する。

【思考力・判断力・表現力等】

・世界平和と福祉の増大について、現代社会に見られる課題の解決を視野に主体的に社会と関わり、世界平和と福祉の増大のために熱意と協力の態度を養う。

【学びに向かう力、人間性等】

(2) 評価規準

■知識・技能

・地球環境、資源・エネルギー、貧困などの解決のために経済的・技術的な協力などが大切であることを理解している。

■思考・判断・表現

・世界平和と福祉の増大のために必要な世界及び日本の努力、世界平和と福祉の増大に関する課題の把握と解決について多面的・多角的に考察し、構想し、表現している。

■主体的に学習に取り組む態度

・世界平和と福祉の増大について、現代社会に見られる課題の解決を視野に主体的に社会と関わり、世界平和と福祉の増大のための熱意と協力の態度を養っている。

(3) 単元指導計画 (学習課題)

①現代社会に見られる貧困とその解決 (第1時)

・世界の貧困問題に対して、国際社会はどのような取り組みをしているのだろうか

②資源・エネルギー問題と国際社会 (第2時)

・世界の資源・エネルギー問題に対し、国際社会や日本はどのような対応が必要だろうか

③地球規模で拡大する環境問題とその解決 (第3時)

・地球規模で拡大する環境問題に対し、国際社会はどのような対応が必要だろうか

④グローバル化する国際社会と日本（第4時）
・グローバル化が急速に進む国際社会の中で、日本はどのような対応が必要だろうか
⑤持続可能な社会を創る（第5時）
・持続可能な社会を創るために、私たちは何をすればよいのだろうか

2　探究的な学びのポイント

（1）SDGsの目標と関連づけて国際社会の課題を生徒に問う

今回の授業づくりでは、SDGsやESDの視点を加えていくことを1つの特色としているので、単元の各授業をつくる際に十分に意識します。各授業のテーマに沿ったSDGsの目標はアイコンとともに示します。また、生徒が課題を追究する際は、各目標に設定されているターゲットも示します。ターゲットには、より具体的な目標が設置されているので、目標達成までのプロセスを考えるためのよいヒントとなります。

（2）国際社会の一員の立場に立たせ、自分事として考えさせる

貧困や環境問題など国際社会が危惧している課題は、案外生徒の意識からは遠い存在です。これをいかに自分事として考えさせられるかということは、この単元の授業づくりにおいて重要な点です。授業で活用する資料は、よりリアルで具体的なものを選択したいところです。生徒はこれまでの学習やメディアからの情報によって、たいていの課題についてはすでに多くの知識をもっています。ありきたりの資料や提示の方法では、生徒はそれほど関心を示しません。課題のリアルさや生徒が気づかなかった側面を上手に提示し、生徒の内発的な動機づけを高めることが大切です。

3　単元展開

（1）現代社会に見られる貧困とその解決（第1時）

冒頭で単元全5時間の見通しを示して授業を始めます。本時のテーマが貧困であることを告げ、教科書の記述を通して世界各地に貧困があることを確認します。そしてSDGs

目標1のアイコンとターゲットを生徒に提示します。ここまではよくある授業の流れで生徒もそれほど関心を示さないと思いますが、ターゲットを読ませたところで、このターゲットに示されているということはまだ実現できていないのだということに気づかせ、課題の大きさを生徒に実感させます。ターゲット1―1の1・25ドルをそのときのレートで換算し、実感を高めるのもよいでしょう。関心を高めてきた生徒に、貧困の実態を一人一台端末で調べさせ、相互に共有したり発表したりしながら現実を生徒自ら理解する場をつくります。

SDGs目標1「貧困をなくそう」のターゲット

1-1　2030年までに、現在1日1.25ドル未満で生活する人々と定義されている極度の貧困をあらゆる場所で終わらせる。

1-2　2030年までに、各国定義によるあらゆる次元の貧困状態にある、全ての年齢の男性、女性、子供の割合を半減させる。

1-3　各国において最低限の基準を含む適切な社会保護制度及び対策を実施し、2030年でに貧困層及び脆弱層に対し十分な保護を達成する。

1-4　2030年までに、貧困層及び脆弱層をはじめ、全ての男性及び女性が、基礎的サービスへのアクセス、土地及びその他の形態の財産に対する所有権と管理権限、相続財産、天然資　源、適切な新技術、マイクロファイナンスを含む金融サービスに加え、経済的資源についても平等な権利を持つことができるように確保する。

1-5　2030年までに、貧困層や脆弱な状況にある人々の強靱性（レジリエンス）を構築し、気候変動に関連する極端な気象現象やその他の経済、社会、環境的ショックや災害に暴露や脆弱性を軽減する。

1-a　あらゆる次元での貧困を終わらせるための計画や政策を実施するべく、後発開発途上国をはじめとする開発途上国に対して適切かつ予測可能な手段を講じるため、開発協力の強化などを通じて、さまざまな供給源からの相当量の資源の動員を確保する。

1-b　貧困撲滅のための行動への投資拡大を支援するため、国、地域及び国際レベルで、貧困層やジェンダーに配慮した開発戦略に基づいた適正な政策的枠組みを構築する。

SDGsの目標とターゲット（農林水産省外ウェブサイト）より引用

（2）資源・エネルギー問題と国際社会（第2時）

資源・エネルギー問題は地理的分野でも扱うテーマなので、地理の授業とは明確に内容を区別します。地理的分野の授業を行う際に区別するところや関連するところを明確にしておくと、公民的分野の本時が際立ちます。地理的分野で資源の分布や輸送、発電所の立地と特色との関係などを扱うのに対し、公民的分野では資源・エネルギーの生産や消費における国際的な現状や傾向と日本の現状などから、これからの国際的な資源・エネルギーの在り方について扱います。

ＳＤＧｓの目標では7が該当するので、アイコン及びターゲットを示します。ここでもターゲットに示された内容が、生徒が思考を進めるよいヒントになるでしょう。開発を進めるにあたって資源・エネルギーの消費は不可欠です。資源・エネルギーの枯渇と争奪戦、そして化石燃料の消費による環境問題と開発という対立するものの間で、いかに持続可能な開発を実現するのかを考えることが本時の軸となります。生徒にじっくりと考えさせてください。その際、対立をいかに両立に変えていくかが持続可能な社会づくりに共通するポイントであることに気づかせます。

(3) 地球規模で拡大する環境問題とその解決（第3時）

地球規模で発生する様々な環境問題を生徒にあげさせるところから授業を始めます。温暖化、酸性雨、オゾン層の破壊、砂漠化などたくさんの環境問題をあげてくれるでしょう。「それってなんで発生するの？」「どこで起こっているの？」などと関連する知識も問います。様々な発言を統合していくと、地球規模で起こる環境問題についておおよその知識が確認できます。ここで生徒に「地球環境問題に共通することは何か？」と問い、それらすべてが人間の生活（開発）によってもたらされた影（負）の部分であることに気づかせます。前時の資源・エネルギーの学習内容と深く関係するので、前時との関連も図ります。開発の恩恵を受けて人々が豊かな生活を手に入れた裏で起こった影の部分という構図を、生徒自ら見つけることができるよう工夫します。ここでもアイコンとターゲットが役立ちます。

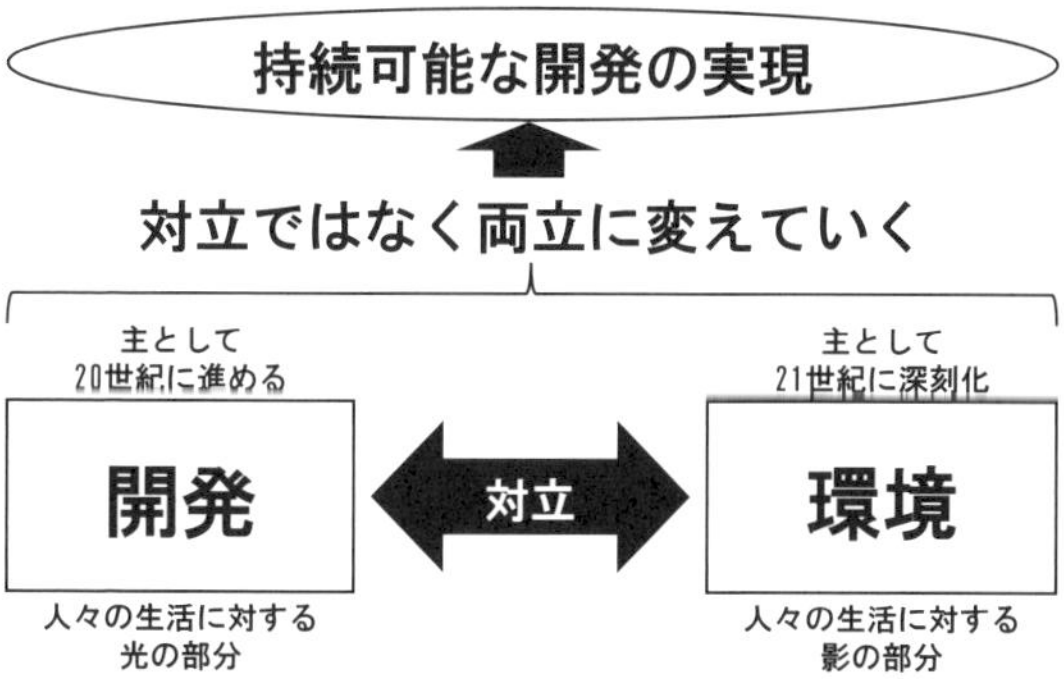

（4）グローバル化する国際社会と日本（第4時）

ここでは、急速に進む各国とのつながりや格差について扱います。世界各国が競争しながら発展を遂げてきたことは生活の向上につながりましたが、一方で世界の人々の暮らしに大きな格差を生みました。南北問題や南南問題と呼ばれる課題はその1つです。この課題について生徒に調べさせます。そして、調べていく中で資源・エネルギー問題や貧困問題といった、本単元で学んできたこととの関連に気づかせます。これまでの学習の成果を生かしながら、世界で起こる格差について構造化していきます。

構造が明確になってきたところで、課題の解決に視点を移します。グローバル化、国際化の中で世界の国々、とりわけ我が国日本は何をすべきなのか。国際社会の枠組みの中で日本の役割について考えさせます。国際社会の中での共生の必要性、そして我が国のリーダーシップの大切さが見えてくるはずです。

（5）持続可能な社会を創る（第5時）

本単元を締めくくる1時間です。本時は、「持続可能な社会を創るために、私たちは何をすればよいのだろうか」という本時の学習課題を前面に出して進めます。前時までの学習の成果を生かしながら学習課題を追究させます。

持続可能な社会といっても、それぞれ捉え方は異なるので、生徒一人ひとりが考える持続可能な社会に迫るところから始めてもよいかもしれません。持続可能な社会は私たちが目指すゴールです。そこを目指すには、何が足りなくて何をすればよいのか、といった目標に迫る構造を示して、生徒に考えさせるのもよいでしょう。構造的なワークシートを作成して流れを示すと、生徒の思考もスムーズになります。本時の学習課題に対して自身の考えを論じさせ、単元の学習をすべて終了します。

■学習評価について

単元の学習評価は、各時間の学習課題に対する考えを、ワークシートなどを通して見取ります。また、主体的な学習に取り組む態度の評価は、第5時の学習課題である「持

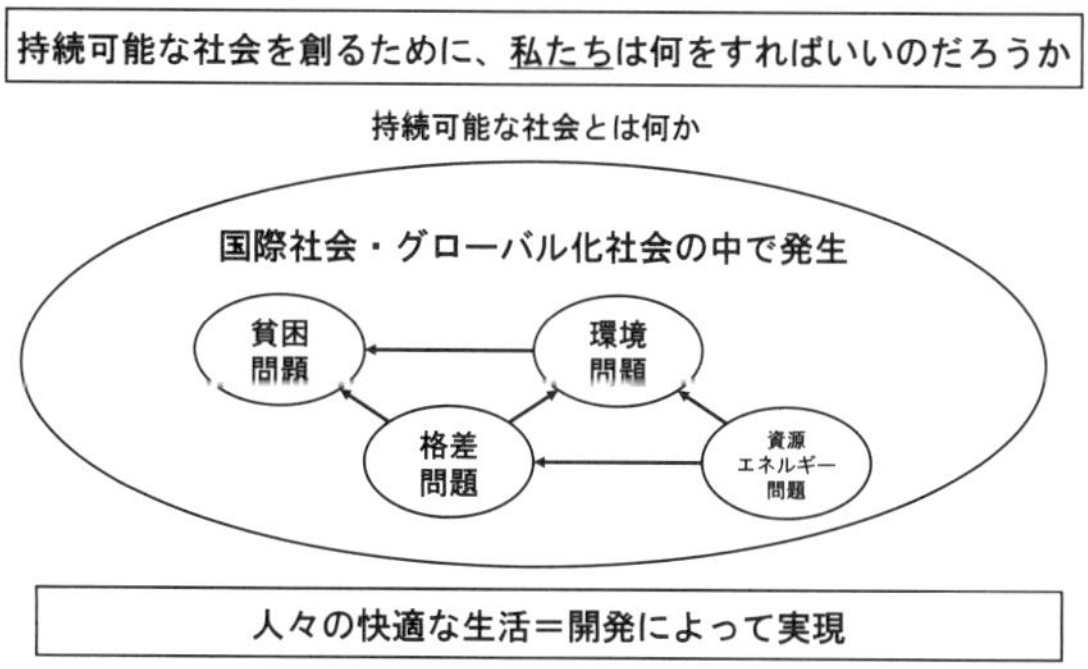

続可能な社会を創るために、私たちは何をすればいいのだろうか」がほぼ単元を貫く問いと言えるので、持続可能な社会づくりに対する主体性などを見取って評価します。

第5時の学習課題に対して生徒が論じたものが最終的な評価材料となります。次に示すのがB評価の基準です。

単元の学習の成果を生かし、貧困の問題、資源・エネルギーの問題、環境問題、格差の問題の相互関連や背景となる物質的な豊かさを求めたかつての開発の在り方などに触れながら自身の持続可能な社会の姿を示してその実現を論じている。

このB評価に対して、具体的な方策や実現のためのプロセスが、現実的に加味されていればA評価になります。単元の目標や評価基準に準じながら判断します。

SDGsの授業は、いかに持続可能な社会に自分事として迫らせるかが勝負です。対立する事象を、柔軟な発想によって両立させる思考を鍛え、その成果を評価します。そして、適切な学習評価によって生徒の状況を生徒自身に示し、不足する部分を補って、持続可能な社会を構築しようとするエージェンシーの育成につなげることが大切です。

【著者紹介】

中野　英水（なかの　ひでみ）

1970（昭和45）年，東京生まれ。東京都板橋区立高島第三中学校副校長。1993（平成５）年，帝京大学経済学部経済学科卒業。東京都公立中学校教諭を経て，2024（令和６）年から現職。

東京都教育研究員，東京都教育開発委員，東京教師道場リーダー，東京方式１単位時間の授業スタイル作成部会委員を歴任。東京都中学校社会科教育研究会地理専門委員会元委員長，全国中学校社会科教育研究会元事務局長，東京都中学校社会科教育研究会元事務局長，現在東京都教職員研修センター認定講師，日本社会科教育学会会員。

著書に『パフォーマンス課題を位置づけた中学校社会の単元＆授業モデル』（2019年，明治図書），『パフォーマンス課題を位置づけた中学校地理／歴史／公民の授業プラン＆ワークシート』（2021年，明治図書），『１人１台端末に対応した中学校社会のパフォーマンス課題』（2023年，明治図書）

中学校社会科　「探究的な学び」の授業デザイン

2024年10月初版第１刷刊　Ⓒ著　者　中　野　英　水

発行者　藤　原　光　政

発行所　明治図書出版株式会社

http://www.meijitosho.co.jp

（企画）矢口郁雄（校正）安藤龍郎

〒114-0023　東京都北区滝野川7-46-1

振替00160-5-151318　電話03(5907)6701

ご注文窓口　電話03(5907)6668

＊検印省略　組版所　株式会社木元省美堂

Printed in Japan　ISBN978-4-18-446124-6